COACHING

やってみよう！コーチング

8つのスキルで子どもの意欲を引き出す

石川 尚子

ほんの森出版

やってみよう！ コーチング

８つのスキルで子どもの意欲を引き出す

もくじ

プロローグ
ところで、コーチングってどんなもの？

社長さんのコーチができるんですか？…8　コーチングとは何か…9　ティーチングとコーチングの違い…10　なぜ、教育に「コーチング」なのか…12　高校生とのコーチング…13　子どもたちにも使える！…15　コーチングって本当に効果があるの？…16　コーチングの三大基本スキルは、傾聴・承認・質問…18　コーチングの基本構造…20　カウンセリングとの違い…22

8つのスキルで子どもの意欲を引き出す

1 やってみよう！「傾聴」のスキル
子どもたちが急に本音を話し始める…26

まず「環境設定」…26　「聴くこと」の効果…29　「受容」――ただ受けとめる…30　「バックトラック」――同じ言葉を繰り返す…33　「沈黙」――相手を信じて待つ…34

2 やってみよう！「承認」のスキル
子どもたちがどんどんイキイキしてくる…36

自分の長所がわからない…36　「承認」の効果…38　相手のいいところを探す…40　当たり前のことを認める…41　欠点指摘の仕方…43　結果承認と存在承認…44

3 やってみよう！「質問」のスキル
子どもたちの考える力を引き出す…46

もっともコーチングらしい「質問」のスキル…46　「コーチングの質問」の役割…47　「限定質問」と「拡大質問」…48　まず答えやすい質

問から…49　　やる気を引き出さない質問…51　　やる気を引き出す質問…52　　考えさせる質問の第一歩、「まず感想をたずねてみる」…53　何をたずねても「わからない」と言う生徒…55　　「かたまり」が大きいと答えにくい…56　　「チャンクダウン」…57　　視点を変える質問…59　　「もし……だとしたら」の質問…60　　選択肢を示しながら質問する…61　　大切なのは何でも話せる雰囲気づくり…63

4 やってみよう！「Ｉメッセージ」のスキル
　　子どもたちが自ら気づき行動を起こし始める…64

指示命令形のメッセージを浴びて生活する子どもたち…64　　You メッセージとＩメッセージ…65　　You メッセージの危険性…68　　Ｉメッセージのパワー…70　　意図・影響・気持ちを伝える…72

5 やってみよう！「リフレーミング」のスキル
　　子どもたちの恐れや不安に対応する…74

まず、「一緒にいる」という空間づくり…74　　「枠組み」から来る不安…76　　意味のリフレーミング…77　　こちらが額縁を替えて見る…80　先入観の額縁に入れない…81　　相手をどういう額縁に入れて見るか…82

6 やってみよう！「フューチャーペーシング」のスキル
　　子どもたちが自由に将来をイメージし始める…84

「夢は叶えられる」は理想論？…84　　フューチャーペーシングで将来を自由にイメージ…86　　モデルを見せることで自分の将来像が具体化…88　　受験の先のゴールを見せる…90　　コミットメントを受けとめる…92

7 やってみよう！「資源の発掘」のスキル
　　子どもたちの自己肯定感を高める…94

子どもたちが自発的になる瞬間…94　　自発性の源「自己肯定感」…95　　強みにスポットライトを当てる…97　　「強みは必ずある」というところから見る…98　　成功体験に目を向ける…100　　小さな変化に気づかせる…101

8 やってみよう！「暗示」のスキル
　　子どもたちの向上心をさらに引き出す…103

「そこまでしたくない」と言う生徒たち…103　　自己暗示を促進する…105　　成功事例による暗示…107　　前提を埋め込む…108　　ストレッチ目標…110　　「失敗」の価値…111

エピローグ
「スキル」は「あり方」があってはじめて機能する

「スキル」の限界…114　　子どもは見抜いている…115　　「スキル」の前に「あり方」…116　　コーチは相手の味方でいる…118　　コーチは相手の可能性を信じる…121

あとがき…124

PROLOGUE
プロローグ

ところで、コーチングってどんなもの？

社長さんのコーチができるんですか？

　私が「ビジネスコーチ」として独立したのは、今から7年ほど前のことです。当時、
　「私はコーチをしています」
と名刺を差し出すと、
　「何の競技ですか？」
と質問されることもたびたびありました。
　「いえ、スポーツのコーチではなく、ビジネスのコーチなんです」
　「はぁ？」
　少々怪訝な顔をされたものです。
　「石川さんは、どんな方のコーチをなさっているんですか？」
　「はい。企業の経営者、管理職の方々、職種で言いますと、営業職の方が非常に多いです」
　「はぁ、お若いのにすごいですね。石川さんはいろんな仕事を経験されてきたんですね」
　「いえ、10年ほど、出版社で企業研修の仕事をしておりました」
　「それで社長さんのコーチができるんですか？」
　「はい！　させていただいております。私の専門はコーチングですので」
　いっそう怪訝な顔をされたものでした。この頃の私は、その

わずか数年後に、学校でコーチングを行うことになろうとはまったく想像もしていませんでした。

コーチングとは何か

　私がコーチングと出会ったのは、さらにさかのぼり、9年ほど前のことになります。アメリカで体系化された「コーチング」が日本のビジネス界に入り始めたのが1997年頃と言われていますから、まだ初期の頃だったと思います。当時、会社員だった私は、ある日、上司から声をかけられました。

　「最近、コーチングっていうのが流行ってるんだって。上司が部下のやる気を引き出すときに使えるらしい。ちょっと我々も勉強してみないか」

　「コーチ」という言葉にはなじみがありましたが、「コーチング」という言葉には新鮮な響きがありました。私の頭の中には、体育会系の部活動で、檄を飛ばしながら指導する"鬼コーチ"の映像が浮かんでいました。

　「あれでしょ！　コーチングって要するに、上司がどう仕事を教えたら部下が効率よく動くようになるかっていう『教え方』のことでしょ」

　私たちが、最初に「コーチ」と聞いてイメージするのは、およそこんなイメージではないでしょうか。コーチが自身の経験の中で身につけた知識や技術、方法などを選手に伝えることを

している人。要するに「教える人」というイメージです。

しかし、コーチングを学ぶにつれて、私のこのイメージは「ティーチング」と呼ばれるものであり、コーチングとは決定的に違いがあるのだということがわかってきました。

ティーチングが、相手の外側から内側に向かって「答えを与えるアプローチ」であるとするならば、コーチングは、相手の内側から外側に向かって「答えを引き出すアプローチ」なのです。コミュニケーションを通して、相手の内側にある能力ややる気、自発性を引き出していく手法。自発的な行動を促すことに焦点を当て、相手の目標達成を支援する手法。非常に興味を覚えました。

ティーチングとコーチングの違い

「どうして宿題やってこなかったの？」
「忘れてました」
「忘れないためには、ちゃんと毎日、連絡帳にメモをして帰るようにしなさい。それから、家に帰ったら、まず今日することを確認するようにして、計画を立ててから取り組むようにしてね。そうすると忘れないから」

これをティーチングと言います。どうすればうまくできるのか、先生側が持っている「答え」を伝えています。

誤解していただきたくないのですが、私はティーチングが悪

いと言っているわけではありません。人を育てる、子どもを教育するという場面で「ティーチング」が欠かせないアプローチであることは言うまでもありません。知識や方法を教えることは大切な要素です。

「宿題をやっていない理由は何？」

「忘れてました」

「そうか、忘れてたんだね。どうすれば、次は忘れずにできるかな？」

「やる気があれば……」

「そっか、今回はやる気がなかったんだ」

「はい」

「じゃ、どんなことがあれば宿題をやる気になれそう？」

「……何か楽しみがあればできるかも」

「○○君にとって楽しみなことって何かな？」

「ゲーム！」

「じゃ、宿題が終わってゲームができると思ったら宿題も頑張れそう？」

「はいっ」

　これがコーチングです。もちろん、コーチングの中で行われていることは、他にもたくさんの要素があるのですが、先ほどのティーチングの場合と何かニュアンスの違いを感じていただけるでしょうか。この対話例は、実際に小学校の先生が児童に対して試みられたものです。いただいた報告をそのまま使わせ

ていただきました。この児童は、これ以降、宿題を忘れてくることがなくなったそうです。

何度も忘れ物を繰り返す児童に対して同じような投げかけをすると、「机の上に目立つメモを置いておけば忘れない」という方法があがったそうです。この児童も、その日以来、忘れ物がなくなったそうです。

なぜ、教育に「コーチング」なのか

ティーチングはたしかに必要なアプローチですが、最近、ティーチングだけでは限界があると言われるようになってきました。どういう限界かと言うと「コーチが持っている以上のものは教えられない」という限界です。コーチ側も体験したことがないことに出会ってしまったとき、「コーチの限界が相手の限界」になってしまうのです。

子どもたちが巣立っていく社会は、ますます速いスピードで変化しています。先生や親が持っている「答え」を教えることだけで、果たして子どもたちは対応していけるでしょうか。

前述したティーチングの例では、先生が「こうしなさい」と方法を与えていますが、それがその子にとって最適な解決策かというと決してそうとは言えない場合もあるのではないでしょうか。むしろ、答えを与えられることで、「いちいち言われなくてもわかってるよ」とかえって反発を覚えることもあります。

「わかってるけど、それができないんだ」と落ち込む場合もあります。「どうしたらいいですか？」と自分で考えず、たえず依存するようになるおそれもあります。

　一方、コーチングの対話例では、いきなり「解決策」を伝えるのではなく、質問をして相手に考えさせています。そうすることで、「忘れること」が問題なのではなく、「宿題をやる意欲」に左右されるのだということが子どもの口から明らかになっていきます。そして、こちらが思ってもみなかった「ゲーム」という答えが相手から出てきます。大人の視点からは「そんなことで」とつい思いがちですが、ゲームで子どもたちが自発的に宿題に取り組めるようになるのであれば、それも１つの効果的な解決策です。

　この「相手の自発的な行動を引き出し、相手の問題解決、目標達成を支援するコミュニケーション」が、ここ数年、学校教育の現場で注目を集めるようになってきました。多様化する価値観、情報が氾濫する昨今、子どもたちが依存に陥ることなく、自分で考え、解決策を編み出していけるよう育成することは、進路決定はもちろん、不登校やいじめの回避などにおいても、非常に効果的であると考えられるようになってきたのです。

高校生とのコーチング

　ビジネスコーチとして、社会人をコーチングしてきた私です

が、ふとしたきっかけで高校生のコーチングをすることになりました。私は企業研修の仕事にずっと携わっていましたので、学校教育や育児の専門家ではないという思いがありました。

「高校３年生とカウンセリング……ですか？」

「はい。就職志望の生徒と50分間、一対一で面談をお願いすることになります」

「はぁ……私はビジネスコーチ、なんですけど」

「ええ、石川さんがいつもやっていらっしゃるコーチングでまったくＯＫですから！　カウンセリングと言いましても、キャリアカウンセリングですから」

正直、気乗りがしないまま、指定された高校にうかがいました。１時間目から５時間目まで１人ずつ生徒の名前が入った時間割表をいただき、割り当てられた部屋に入ります。チャイムとともに名簿順に生徒が入ってきます。

「こんにちは！　石川です。○○君ですね。今日はよろしくお願いします。『相談シート』は書いてきてくれたかな」

「……これ？」

おいおい、いきなり白紙のまま？

「まだ、書いてないんだね。ねぇ、就職活動はもう何かやってる？」

「……別に。……」

へ？　あれ？　そうなの？

「ちょっと！　まだ何もやってないの？　ダメでしょ。そろ

そろ動かないと、やばいよ！」

　思わずそう言いそうになりますが、この言葉は引っ込めます。それを言っても相手の自発性は引き出されないことを、私はコーチングを学ぶ過程でよくよくわかっていました。質問を変えます。

「そっか。じゃ、何か困っていることとか、わからないことがあって始められないのかな？」

「……さあ。……」

　は？　なんで何もしゃべらないのよ？　話が先に進まないじゃない。

「そ、そっか。じゃ、こんな仕事してみたいとか、こんな会社で働きたいとか、何か考えてる？」

「……別に。……」

　何を問いかけてもこの調子。社会人とは勝手が違う反応に、最初は戸惑うばかりでした。

子どもたちにも使える！

　しかし、50分間、コーチングの手法と考え方でもって生徒と向かい合っていると、どうしたことでしょうか。生徒のほうが、がーっと機関銃のようにしゃべり始めるのです。

「あ、ごめん。もうチャイム鳴っちゃった。で、どうする？」

　私はコーチですから最後も質問です。

「とりあえず、今週中に求人票見に行って、今月、1社受けに行ってみます!」

生徒は元気よく自分で言って帰ります。

これは、私の人生観を変えるほどの大きな体験でした。感動的でした。スゴイぞ! 子どもたちって本当にすばらしい。

やる気がないと見える、何も考えていないと見える、斜に構えて反発していると見える、コミュニケーションが苦手と見える。でも見えるだけです。本当はこんなにいろんなことを考えているし、それを伝えられるし、いいところもたくさん持っている!

なぜ、これを日頃引き出せていないのか? 子どもたちにもコーチングはものすごく使える‼ このことを子どもとかかわる多くの方々に広く伝えたい!

俄然、熱くなっている私がいました。

コーチングって本当に効果があるの?

今ではこのようにやりがいを感じている私ですが、コーチングと出会った当初は、正直、半信半疑でした。

「言っていることはわかる。こちらが一方的に話すよりは話を聴いてあげたほうが、相手はこちらに信頼感を持ってくれるだろう。できていないところを指摘するよりも、できていることを認めてあげたほうがやる気になるだろう。それはわかる。

だけど、コーチングで人ってそんなに前進するものなの？」

これが私の本音でした。

しかし、他ならぬ私自身がコーチングを受け始めるようになって、その効果の高さを認めざるを得なくなりました。私がしたことは、2週間に1回、私のコーチに電話をかけて、1時間ほどコミュニケーションをとっただけです。2週間の中で、起きたこと、思いついたこと、不安に思っていることなどをコーチに話します。それを定期的に続けているだけなのですが、自分が常に安定した、プラスの状態でいられるようになっていったのです。

独立をした7年前にはほとんどコーチとして認知してもらえなかった私が、今では全国から講演に呼んでいただけるようになりました。「コーチングを受けたい」というご依頼が後を絶ちません。子どもの頃に抱いた「文章を書く仕事をしたい」という夢が、今こうして思わぬ形で実現しています。私は現在、「コーチングのおかげで自分が常に前進している」と疑いなく実感して生きています。

高校生との「就職カウンセリング」を始めたときも、実は半信半疑でした。明確な目標意識を持っている社会人ならまだしも、まだ自分自身が確立できていない子どもたちにコーチングがはたして機能するのだろうか。

しかし、やはり体験に勝るものはありません。実際に生徒と向かい合ったときに、私には確信するものがありました。「『自

分自身が確立できていない』というのは私たち大人の勝手な思い込みにすぎないのではないか。むしろ、純粋で素直な分、コーチングは小さな子どもほど機能するのだ」ということに気づかされました。

では、いったいコーチングの何がそれほど効いているのでしょうか。

コーチングの三大基本スキルは、傾聴・承認・質問

「就職活動、もう何かやってるの？」
「……別に」
「そう。こんな仕事やってみたいとかこんな会社に入りたいとか、何か考えてみた？」
「いやぁ、……それがわかんないっすよ」
「そうだね。まだ高校3年生だもんね。私も高校生の頃はわからなかったよ。で、○○さんは、どんなことをしているときが楽しいの？」
「え？……友達としゃべってるとき。……あと、中学校からバスケやってて、それはめっちゃ楽しいですね」
「へぇ、バスケ楽しいんだ！　いいね！」
「はい！　楽しいっすよ」
「どんなところが楽しいの？」
「うーん、みんなと一緒にがんばってるっていうか。じっと

してるのって自分あんまり好きじゃないんですよ。部活のみんなとがんばって、いろいろ作戦練って、勝てたらすっごくうれしいし」

「そうなんだ。○○さんが本当にバスケ好きだってことが伝わってくるね。○○さんは誰かと一緒に身体動かして、何かゴールをめざしていくというのが好きなのかな？」

「ああ、そうかも。そう言えば去年インターンシップでスポーツ用品の店に行ったんですけど、そこでアルバイトの人たちと一緒に商品を出したり、並べたりするんですよ。自分たちが工夫して並べておいたものが売れたりすると、めっちゃおもしろかったっていうか、『よっしゃ〜！』みたいな。ああいう仕事はやってみてもいいかな」

私の高校生との就職カウンセリングは、だいたいこんな感じです。まず生徒の話を「聴く」。生徒がたくさん話せるように、相手が言ったことは決して否定せず「認める」。話を引き出すためにどんどん「質問する」。質問しながら相手の話を「聴く」、「認める」、そして「質問する」の繰り返し。傾聴・承認・質問がコーチングの三大基本スキルです。

"答えは相手の中にある"というのがコーチングの哲学ですから、「あなたに向いているのはこういう仕事。この方向に行ったらどうかな」などということは言わないことにしています。そんなふうに言われると相手は反発を感じたり、依存的になってしまったりするからです。

コーチングの基本構造

人は頭の中で、常にいろんなことをものすごく速いスピードで考えていると言われています。それは言葉に出して話す速さよりもずっと高速なので、頭の中にあるうちは自分でも認識できないらしいのです。

いったん言葉に出して話してみて、自分の耳で聴いてはじめて、「ああ、自分ってこんなこと考えていたんだ」「こうすればいいんだ」という気づきが起きてくるのです（これを「オートクライン」[autocrine] と呼びます。もともとは生物学の分野で

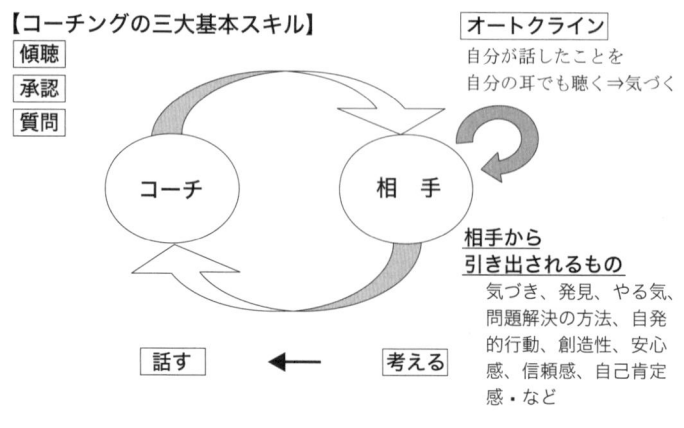

コーチングの基本構造
一方的な指示命令ではなく、双方向のコミュニケーション

使われている用語で、細胞が自ら発信した情報を自ら受信する過程をオートクラインと言うそうです)。

悩み相談と言われるものも同じ構造なのではないでしょうか。話を聴いてもらっているうちに、だんだん自分自身の中で整理されていくのです。

ですから、生徒たちも話を聴いてあげていると、自分で話をしながら「ああ、そう言えば……」と、いろんなことを思い出します。こちらが想定していないような要素がどんどん出てきます。

「あんなとき、楽しかった」

「これ、好きかも」

「やっぱりこれはまずいな」

自分で気づけると、そこにまた自信がわいてくるようなのです。そして、将来のことを自発的に考えてみようとし始めます。

私の役割は、「もともと生徒たちの内側にあるものを思い出させてあげるだけでよい」のではないかと思います。

まず、コーチは「聴く」のです。"自分の聴きたいこと"ではなくて、"相手の言いたいこと"を「聴く」のです。否定や評価をしないで聴くことによって、相手の意識が自分の内側に集中し、オートクラインが起きやすくなります。

案外、私たちは日頃、ほとんど自分の話を「聴いて」もらえていないのではないでしょうか。相手が言いたいことをただ聴く。それだけで、相手の中から、気づきや新たな視点、安心感、

自己肯定感など、その人が前に向かって行動するために必要な要素が引き出されていくのです。

カウンセリングとの違い

「じゃあ、それってカウンセリングとどう違うのですか？」
　コーチングの説明をした後、よくいただく質問です。たしかに、「答えは相手の中にある」と信じて話を聴く。コーチがやっていることはカウンセラーがやっていることそのものと映ります。
　以前、私は、ある学生に同じテーマで、①カウンセラーと対話をしてもらう、②コーチと対話をしてもらう、という実験を試みたことがあります。
　カウンセラーは、丹念に相手の言葉を聴き、そのまま繰り返し、それを受けとめていきます。コーチである私は話を聴きながら質問をしていきます。
「それでどうしたいの？」
「どんなことだったらできそう？」
「まず、明日からやるとしたら何？」。
　周りでそのやりとりを観察していた人たちは、「コーチとの対話のほうが、より話が前に向かっていく感じがした」などの感想をあげてくれました。
「そうでしょ。カウンセリングで癒して終わりでは、人はも

の足りないのよ。次どうしていくのかに焦点を当てて対話をしていかないと、この子の課題は解決に向かわないのよ」

　内心、私はコーチングに軍配があがったと思いました。ところが、この学生が一言、「カウンセラーさんと話していたときのほうが、気持ちが落ち着きました」。

　コーチングでは、どちらかというと「行動」に焦点を当てます。カウンセリングは「感情」に焦点を当てます。ここが特徴的な違いであると私は認識しています。

　落ち込んでいる相手に、「次はどうするの？　それから？」と行動を促すアプローチをすると、かえって相手を追い詰めてしまうこともあるのです。「今はただ不安な気持ちを聴いてほしいだけ」というときは、丹念に相手の感情を受けとめるカウンセリング的アプローチが効果的でしょう。一方で目標に向かってどんどん前進したい状況では、行動に焦点を当てたコーチングのほうがより効果的でしょう。

　また、「過去にこんなつらい体験があったから、今のこの心の問題が引き起こされているのね」と過去に原因を探るカウンセリング的アプローチと、「その目標を達成するために、これから何をしていくの？」と未来に向かって方法を探っていくコーチング的アプローチという対比もできます。

　大切なことは、その使い分けにこだわることではなく、「目の前の人をサポートしたい」「この人の中に答えがあるのだから、それを信じて向かい合いたい」というこちらの立ち位置で

はないでしょうか。

　私がしていることは、カウンセリングともコーチングとも区別がつかないことがあります。どちらにせよ、こちら側が「この子は自分で考えられる。この子には自分で前進できる力がある」というところに立って話を聴くことで、確実にその子どもが前向きに考え始めるようになると実感できるのです。

　コーチングのスキルは細分化すると100種類以上あるとも言われています。その中から、学校現場で特に使えるコーチングの８つのスキルをご紹介していきます。

8つのスキルで
子どもの意欲を
引き出す

1 やってみよう！「傾聴」のスキル
子どもたちが急に本音を話し始める

まず「環境設定」

「わかんない」
「さぁ……」
「別に……」

　高校生との就職カウンセリングの現場では、生徒がこんな調子で、なかなか話が先に進まないということがよく起きます。
　なぜ生徒は話さないのでしょうか？　本当に「わからない」のでしょうか？
　生徒たちは、外部の就職カウンセラーである私のことをまず少なからず警戒しています。
　「外から来た知らない先生に何か注意されそう。下手なことは言わないほうが安全」

言葉にこそ出しませんが、自分の身を頑なに守ろうとする雰囲気が伝わってきます。当然のことでしょう。いきなり知らない大人と一対一で話しなさいと言われて、50分間閉じ込められるのです。しかも、話題は不安ややりたくない気持ちを抱いている就職活動についてです。

　「ダメでしょ！　もっとしっかり考えておかないと。就職は甘くないよ！」とでも言われるのではないかと、生徒たちはドキドキしながらやってきます。

　面談室では生徒と正面に向かい合って座るのではなく、生徒と私が机の角をはさんで直角になるような位置関係で座るようにしています。あるいは、横に並んでお互いが「ハの字」になるように少し内側を向くという座り方をすることもあります。真正面から向かい合うと、どうしても緊張感が高く、上下関係

【座る位置関係】

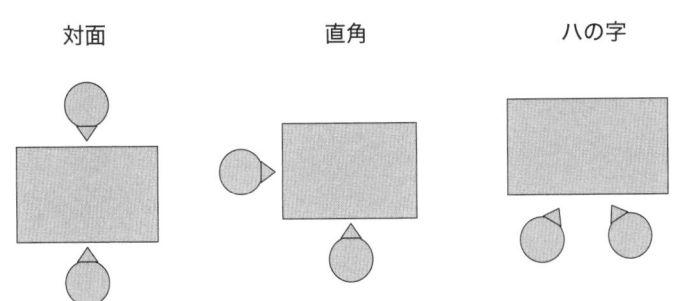

対面　　　　　　直角　　　　　　ハの字

を意識せざるを得ない環境をつくってしまいます。
「そっか。わからないんだね」
　私は、「わからない」ということを否定もせず、肯定もせず聴いていきます。
「○○さんは、部活動、何かやっているの？」
「学校が終わった後はいつも何してるの？」
　話が進まないときは、就職活動とは直接関係のない話題で、まずは生徒との対話を引き出す工夫をします。話しやすい環境をつくらなければ、就職カウンセリングも何も始まらないのです。
「へ〜、２時間もゲームやってるんだ！　すごい集中力だね！」
「そうか、何もしたくないんだ。疲れるんだ」
　相手が何を言っても否定しないで聴いていると、「でも、やっぱ、そろそろ何かしたほうがいいっすよね」と自分から言い出したり、「私、ホントはやりたいって思ってることあって……」と本音を打ち明けてくれたりします。
「この大人、何を言っても否定しないぞ」と生徒が思ったときに、思いもかけない本音が出てきます。「わからない」と言ってごまかそうとしていますが、実は、何かを言って否定されることをとても恐れているのです。
　生徒が自分なりに持っている考えを引き出すためには、「ここは安全に話せる場。何を言ってもだいじょうぶ」という環境

設定がまず必要なのです。

「聴くこと」の効果

「やっぱり、私、人と接することが好きなんだってわかりました」

「なんか今しゃべってて思ったんですけど、これはちょっと違うかなって」

話しやすい環境をつくって、たくさん話してもらうようにすると、生徒のほうが勝手にしゃべって、勝手に気づいていきます。生徒たちはちゃんと自分で気づく力を持っています。

この「気づき」は、こちらが何かを「言い聞かせる」よりも「相手の話を聴く」中で起きてきます。そうです。プロローグでお伝えした「オートクライン」が起きるのです。

そして、「聴く」にはさらにパワフルな効果があると私が実感していることがあります。最後まで否定されずに話を聴いてもらえることで、相手の中に「自己肯定感」が芽生えるということです。「聴く」というコミュニケーションは一見、受け身で消極的なコミュニケーションのように思われがちです。しかし、わずか50分間でも、いえたった10分でも、生徒の話を否定も評価もせず「ただ聴く」に徹していると、生徒は明るく話し始めます。

「先生！　私、何かわかった気がします」

「言ってすっきりしました！　ちょっとやってみますね！」

本人の中で何か「自分もやったらやれるかも！」「私って捨てたもんじゃないかも！」という肯定感や希望が見いだせたときに、発見が起きるようです。これは、こちらが一方的に話していたのでは決して起きないことです。聴いてもらえることで芽生える「自分のことを大切に思ってもらえた」「自分は重要な存在なのだ」という肯定感がそうさせるのでしょう。

私も人前で話す仕事をしているので痛感することが多いのですが、目の前の聴き手が、つまらなさそうにあくびをしたり、眠っていたりしたらどうでしょう。あるいは、けげんそうに首をかしげられたら、話す意欲が失せると同時に、自分への自信がなくなっていく感じがしませんか。

反対に、私のほうを向いて、大きく首を縦に振ってもらえるだけで、ものすごく力づけられる感じがします。

「聴く」ことは、それだけで相手の背中を押す行為なのです。

「受容」──ただ受けとめる

小学校1年生の担任の先生のところにA君が怒り最高潮の状態でやってきました。どうやらB君とけんかをしたようです。

「頭きた！　あいつ、ぶっ殺してやる！」

1年生とは思えない物騒な言葉づかいです。これまでの先生は、児童からそんな暴言を聴くと、「なに言ってるの!?　そん

なこと言うもんじゃありません！」と即座に否定していたそうです。

　コーチングに出合ってからの先生は、こんなときもまず受けとめて聴くということに徹しているようです。

「そう。ぶっ殺したいと思ったんだ。他にある？」

　コーチングになじみのない方は、この「他にある？」という質問に違和感を覚えられるかもしれません。しかし、相手が感じていることが１つだけということはほとんどありません。相手が思っていることはすべて聴くよう努めます。

　先生は、「ぶっ殺す」という言葉をただ受けとめ、相手がそう感じたことを否定せず、他の感情があるかと尋ねました。すると……

「ドロドロの血を見てみたい」

　こんな言葉を１年生の児童が使い出したら「もう世も末」という気分です。こちらも冷静ではいられないかもしれません。が、この先生は、こんなふうに続けたそうです。

「そっか。他にある？」

「殴ってやりたい」

「うん。そう思ったんだ。他には？」

「……他には、……ない」

「他にはもうないんだ」

「……あいつも、言いたいこと、ちょっとうまく言えないところがあるんだ」

１　やってみよう！「傾聴」のスキル　31

「うん。それで？」
「ちゃんと言ってやらないと伝わらない」
「うん」
「謝ってくる！」

　何がどうこの子の中で解決したのかはわかりませんが、先生が介入するまでもなく自分たちで仲直りをしたそうです。

　相手が言ったことをただ否定せずに受けとめる。この先生がしたことは、ただこれだけのことです。

　どうやら人は、自分の感情をいったん外に出して、それを誰かに受けとってもらえると、その感情がすーっと消えていくようなのです。でも、こんなふうに言いたいことを聴いてもらう前に、「それはダメでしょ」「やめなさい」と言われてしまうことが多いように思います。だから子どもたちは話さなくなっていくのです。

　ちなみに、「受容」と「賛同」は違います。意外と、この「受容」と「賛同」をイコールのものととらえて悩まれる方がいらっしゃいます。「受容」してしまうと、すべて相手の言い分を肯定してしまわなければならないのではないか、それでは教育にならない、と考えてしまうわけです。

「あなたはそう思ったんだね」

　受容はただ相手が言ったことを受けとめるだけです。賛成しかねることに無理して同意することとは違います。受容したからと言って、相手の考えに賛同したことにはなりません。

「バックトラック」——同じ言葉を繰り返す

「学校、行きたくない!」
「どうして、行かないの? 行かないとダメじゃない!」
「……だって」
「いいから、行きなさい。お願いだから」
「行きたくない……」
「いつまでわかんないこと言ってるの? 病気じゃないんだから、わがまま言うんじゃありません!」

　学校へ行かせようと思えば思うほど、子どもは頑なに学校へ行こうとしなくなります。やがて、不登校の状態に陥るということも少なからず起きています。

　こんなとき、どうしたらいいでしょう。こんなふうに対応した先生がいらっしゃいました。

「学校、行きたくない!」
「学校、行きたくないんだ」
「行きたくない!」
「行きたくないんだね」
「家にいたい!」
「家にいたいんだね」
「勉強したくない」
「勉強したくないんだ」

「でも、友達には会いたい」
「友達には会いたいんだ」
「学校に行かないと会えないかな」
「学校に行かないと会えないのかな」
「学校、……行く」

相手が言ったことをただ繰り返す。これをバックトラックと言います。いわゆる「オウム返し」のことです。カウンセリングではよく使われます。

まるで魔法のような会話ですが、実際、このような現象は子どもたちに起きやすいようです。ただこれだけのことで、この子の中にいったいどんな気づき、自己説得があったのでしょうか。

きっと、否定されずに受けとってもらうことによって、自分の中で「本当は学校に行きたい。行ったほうがいい」という気持ちに気づいたのでしょう。受けとめてもらえていると実感できない間は、どんなに働きかけられても、逆に自分の殻の中に閉じこもっていくように思います。

「沈黙」——相手を信じて待つ

「相手の言いたいこと」に心を傾けて聴く。これが傾聴です。

話を聴くときは相手のほうを向く。目を見る。相手の話すスピード、トーンに合わせてあいづちを打つ。うなずく。否定し

ないで受けとめる。相手が言った言葉を繰り返す。「それで？」「それから？」など短い質問を入れながら話を促す。

　皆さん日常実践なさっていることばかりだと思います。そんなに難しいテクニックではありません。

　傾聴する中で難しいのは、相手が沈黙するときではないでしょうか。相手が黙ってしまうと、私たちの中にはいろんな想いが湧いてきます。

「あれ、今のはまずい質問だったんだろうか？」

「これじゃ、この子にはわからないかな」

「やっぱり、何も考えていないじゃないか」

　そして、沈黙に耐え切れなくなって、こちらがまた一方的にしゃべってしまいます。

　沈黙している間、子どもは子どもなりにけっこう思考を巡らせているものです。就職カウンセリングでも、時間の最後になって、「え？　それ、何だったっけ？」と思うようなことを話し始める生徒もいます。

　相手が考えるスピードと自分のスピードは同じではないのだと認識して、子どもたちの思考の時間を邪魔しないようにします。

「この子の中に答えがある」と信じて待つ。もしかしたら、これが傾聴で一番難しいことかもしれません。

2 やってみよう！「承認」のスキル
子どもたちがどんどんイキイキしてくる

自分の長所がわからない

「失礼、します……」

最初は、皆、不安げに就職カウンセリングにやってきます。無言で入ってくる生徒も多いです。いかにも自信がないという雰囲気です。

生徒が持ってきた相談シートを受け取ると……やっぱり……「自分の長所がわからない」に丸がついています。

「カウンセラーに何を相談したいですか？」という相談シートの設問に対して、最も多いのが「自分の長所がわからない」という回答なのです。正直、私にはとても意外でした。

「どんな仕事に就いたらいいのかわからない」

「行きたい会社の求人が来ない」

このあたりがトップなのかなと思っていました。
　「自分の長所がわからない」→「だから自分に何が向いているのかわからない」→「だから就職先を選べない」→「だから就職活動ができない」
　「自分の長所がわからない」→「だから面接試験で何を言ったらいいのかわからない」→「だから面接試験がすごく不安」→「だから就職活動なんてしたくない」
　こんな状態で動けない生徒がけっこういます。
　だからこそ、50分間の面談の中で、
　「これが、私の長所なんだ！」
　「自分にはこんないいところもある！」
と発見できると、生徒たちは、俄然、イキイキし始めるのです。
　「なんか、できそうな気がしてきました」
　「とりあえず、やってみますね」
　入ってきたときとは正反対の明るい表情で、元気にそう言って退室していきます。
　「承認」とは、相手のいいところを見て、心にとめること。それを言葉に出して伝えること。
　自分の長所を言えない生徒と接していると、その重要性を特に痛感します。そして同時に、日頃、いかに多くの生徒が承認されていないのかということも、残念ながら実感せざるを得ないのです。

「承認」の効果

　面接試験の指導をしているときも、顕著に感じることがあります。
　「あっ、お辞儀はもっと深くね！　声をもう少し大きく。言いたいことはまず結論から言うように」
　改善点ばかりを指摘していると、生徒はどんどん萎縮していきます。
　「ちゃんと私の目を見て話せていたね。笑顔がいいね！　一所懸命話そうとしていたのが伝わってきたよ。いい感じ、いい感じ！」
　よかった点を承認しながら進めていくと、生徒がどんどん明るくなっていきます。自信を持って話せるようになっていきます。
　どうでしょうか？　私たちが、日頃、何か言うたびに、何かするたびに、
　「それじゃダメダメ！　もっとこうして！」
とダメ出しをされるとしたら？　だんだん、ものを言うのも、行動を起こすのも周りの顔色をうかがうようになっていくと思いませんか？
　「先生」と呼ばれる立場の人は、どうしても「こうしなさい」「そうじゃなくてこう！」と指摘したり指導したりすることが

自分の役割だと思いがちです。それをしないと仕事をしていないような気分になります（もちろん、「指導」は先生の大切な仕事です）。

　先生からだけではなく親からも、子どもたちは日常生活の中で、できていることより、できないこと、足りないことを指摘されることがあまりにも多いのではないでしょうか。だから、いつまでも「今のままの自分ではまだダメ。いいところなんて何もない」という否定感から抜け出せないでいるように思うのです。

　「自己肯定感」を高めることが、相手の気づきややる気を促すと、前節の「傾聴」のスキルのところでもお伝えしました。人は「やったらやれるかも！」という肯定感が芽生えるだけで、もう相当のことがやれるのではないかと私は実感しています。

　「承認」というスキルは、相手のいいところをどんどん伝えていくものですから、相手の自己肯定感を高めるという点では、非常にストレートで効果的なスキルです。

　承認されると、人にもやさしくなれます。挑戦意欲も増します。そして、承認してくれた人への好意と信頼感が増します。承認によって、子どもたちはますます心を開いて、本音を話してくれるようになります。

　それでは次に、どんなふうに承認のスキルを高めていったらいいか、そのポイントを見ていきましょう。

相手のいいところを探す

「自分のいいところってどこかな？」

「別に……。ないっすよ」

「そうか、今、がんばってることは何かある？」

「さぁ、別に……」

「うん、じゃぁ、興味あることは？」

「別に〜……何もない」

「そうなんだ。じゃぁ、短所は？　ある？」

「え？　……短所はぁ、飽きっぽいところかな。あと、けっこう落ち込むときは落ち込む」

　不思議です。「長所は？」と質問して、いろんな切り口で引き出そうとしてもあまりうまくいきませんが、「短所は？」と質問すると、必ず何かしら答えられるものです。それだけ、子どもたちが日頃から「自分の足りないところ」に目を向けがちなのだと実感します。

「そうか、飽きっぽいんだ。それって、長所だよ！」

「はぁ？」

「長所だよ〜。新しいところにどんどん目が向くっていうことでしょ。次から次へと興味が移っていくってことでしょ。好奇心旺盛だよね」

「へぇ〜」

「落ち込むっていうのも、いいところだよ」
「え？　なんで？」
「うん、反省の気持ちがあるから落ち込むんでしょ。本当はこうすればよかったって。向上心がない人は落ち込まないよ」
「そっか〜」
　だんだん子どもの表情が明るくなっていきます。
　自己肯定感が低い子どもたちに対して、日頃、私が心がけていることは、「あなたはそのままで、すでにすばらしいものを持っているんだよ」というメッセージをたくさん伝えることです。「ここができていないよ」は二の次です。
　短所改善型の指導と長所伸展型の指導とどちらが指導する側の労力が少なくてすむかというと、明らかに長所伸展型の指導です。すでに得意なこと、秀でていることに焦点を当てて伸ばしていくと、短所もそれに伴って引き上げられたりするのです。ところが、短所をいかに克服するかに執着していると、指導者も本人もとてもつらいのです。

当たり前のことを認める

　すべての先生がそうだとは思いませんが、学校の先生は、どうして遅刻した子どもを注意するのでしょうか。どうして宿題を忘れてきた子どもを叱るのでしょうか。私にはとても不思議に映ります。

遅刻してきた子どもを注意するのではなく、時間どおりに登校している子どもたちを承認するのです。宿題を忘れてきた子どもを叱るのではなくて、ちゃんとやってきた子どもを承認するのです。

「○○さんは、今日も宿題をきちんとやってきましたよ。すばらしいですね。皆で拍手をしましょう！」

　例えば、こんなクラスがあったとしたら、きっと、やってこない子どもが減っていくような気がするのです。

　時間どおりに登校するのは当たり前。宿題をやってくるのは当たり前。

　たしかにそうかもしれませんが、「当たり前のことが、当たり前にできる」ということがもっと承認されてもいいような気がします。

「採用面接を受けてみてどうだった？」

「いや〜、ぜんぜんダメでした。テンパっちゃって。失敗しました〜」

「そう、どこが失敗だと思ったの？」

「え？　え……、準備していったことを思い出そうとすると、もう真っ白になってダメなんです。やっぱりもっと練習しないと」

「うん、いい気づきだったね！」

「覚えようとしたらダメですよね。何回も何回も言って、自分のものにしないと」

「うん、すごく学んでるね。よくチャレンジしたね！ いい失敗だったね！」

子どもたちは、またイキイキと前を見始めます。できなかったことよりも、できていることのほうをもっと口に出して伝えていきませんか。

欠点指摘の仕方

そうは言っても、たしかに改善してほしいところもあります。手放しで「いいね！」とは言えないという状況もあります。そんな場合はどう伝えたらよいでしょうか？

「数学はよくがんばっているんだけどな〜。英語が課題だな〜。英語もっとがんばろうよ！」

まずできていることを認めてからという点では、悪くない表現ですが、人はどうしても後から言われたことのほうがより意識に残ってしまいます。しかも、後がマイナス表現だとよけいに気になります。「数学はＯＫ」と承認されたことが、ややもすると帳消しになります。「英語が苦手」という意識が逆に刷り込まれてしまいます。「ここができないよね。問題だよね」と言われると、よけいに苦手意識が高まっていくようです。こちらはよかれと思って伝えているつもりが、逆方向に動機づけしてしまうことがよくあるので怖いです。

実際、私自身も中学生の頃、「あなたは数学が弱いね」と言

われ続けたことで、ずっと苦手意識を持ったまま、一度も好きになることはありませんでした。もしかしたら、違うアプローチによって数学が得意になっていたかもしれないのにと、今でも思うことがあります。

相手のためを思って伝えている欠点指摘が、相手の可能性を奪っていることがないか、ふりかえってみる必要があります。

では、どう伝えたらよいのでしょうか。

こんなふうに伝えた先生がいらっしゃいました。

「数学は本当にがんばってるな！　いつもよく勉強してるんだなあと思ってるよ。あと、英語がさらによくなるといいと思わないか？」

ささいな言い回しの違いですが、相手に与えるインパクトは変わってきます。

「数学はできるけど、英語が問題」ではなくて、「数学はできるよね。あと英語もできると、もっといいよね」という使い方です。

結果承認と存在承認

「石川さん、承認が大切なのはよくわかりました。でも、承認するようなことをしてくれないんですよ。そんな相手にはどうしたらいいでしょう？」

こんなご質問をいただくと、なんだか悲しくなります。「こ

の人のいいところはどこだろう？」というところに立ったときに、いいところは見えてきます。でも、「この人の問題点はどこだろう？」というところに立っていると、いいところがあっても見えないのです。それはお互いにとって、とても残念なことです。

「承認」というと、私たちはとかく「相手がしたこと」に対して認めること（結果承認）ととらえがちですが、本当に相手を力づけているのは、「存在承認」ではないかと思うのです。

存在承認とは、「あなたがそこにいるのを、私はいつも見ているよ。知っているよ」というメッセージを送り続けることです。存在を肯定的に認めることです。

ですから、名前を呼んで挨拶をするのも存在承認です。「髪の毛切ったんだね」「昨日より早いね！」と、ささやかな変化に気づいて声をかける。「ノートとってるね」「掃除がんばってるね」と、相手がただやっていることをそのまま伝える。このような存在を承認する日常の声かけが、子どもたちに安心感と信頼感を与えるのです。

子ども１人に対して、いいところを20個以上リストアップし、それを伝えてみてください。それだけで確実に子どもたちの顔つきが変わってきます。

3 やってみよう！「質問」のスキル
子どもたちの考える力を引き出す

もっともコーチングらしい「質問」のスキル

　質問のスキルは、話を聴くばかりでなく、質問を投げかけることによって相手の内側にある「答え」を引き出していく、まさにコーチングの肝と言えるスキルです。たった一言の質問によって相手がはっと何かに気づき、行動が変わっていく瞬間があります。これはもうコーチにとってもコーチングを受ける側にとっても、コーチングの醍醐味と言っていい瞬間です。

　ですが、質問のスキルも、そう簡単には通用しない場がありました。そうです。高校生の就職カウンセリングの現場です。私はいきなり木っ端微塵になりました。

「何かやってみたい仕事はあるかな？」

「はぁ？……別に……」

「就職活動で一番不安なことは何？」

「さぁ……」

「今、どんなことを話してみたいと思ってるの？」

「わかんない……」

何を質問しても、何も引き出せない……。これには「なぜ？」という気持ちになりました。

「コーチングの質問」の役割

日頃、私たちが質問を使うときは、どんなときでしょうか。どんな質問が多いですか。

「宿題はもう終わったの？」

「今日は何時に帰ってくるの？」

「もう片付けてしまってもいいですか？」

「駅までの道を教えてもらえませんか？」

多くの場合、こちらが知りたいことをたずねます。これが私たちが日常使っている質問の役割です。

一方で、コーチングの質問には、「相手の考えを引き出す」「相手の考えを深めさせる」という役割があります。ここが、一般的な質問と違うところです。

ですから、初めてコーチングに触れる皆さんがまず戸惑い、「コーチングは難しい」と感じられるところなのです。ふだん、「相手の考えを引き出そう」などと意識して質問をすることな

どほとんどないからです。

「限定質問」と「拡大質問」

「相談シートは書いてきましたか？」
「今日も部活動があるの？」

このような質問を「限定質問」と言います。一般的に「Closed Question」と呼ばれるもので、「Yes」「No」で答えられる質問のことです。答えの範囲が非常に限られているので限定質問と言われています。

「相談シートを書いてみてどう思った？」
「部活動で一番楽しいことはどんなこと？」

これらの質問には、「Yes」「No」では答えられません。いわゆる「開いた質問：Open Question」と呼ばれるもので、「どう」「どんな」「何」などの疑問詞を使って、相手の考えをたずねています。「答え」の範囲が非常に広いということで「拡大質問」と言われます。

さあ、どちらが相手の考えを引き出すのに効果的でしょうか。言うまでもないですね。拡大質問のほうです。コーチングでは拡大質問を主に使って相手の考えを深め、引き出していきます。

そう信じて、私も拡大質問を使ったのです。でも、木っ端微塵でした。どうしてなのでしょう？　生徒たちとかかわっていく中で、私は気がつきました。生徒たちは、日常、「自分の考

え」をたずねられるという場面にあまりに遭遇していないのです。日頃、求められるのは「自分の考え」ではなく「正しい答え」なのです。

　そしてその「正しい答え」は最終的に「誰かが教えてくれるもの」と思っていて、自分で考えてみる前から「どうすればいいですか？」とすぐに答えを欲しがります。「あなたはどう思うの？」と問い直しても、覚えていることを思い出そうとはしても、自分で何かを考え出すというところになかなか立とうとしません。「この人が求めている正しい答えを言わなくては評価を得られない」と思い込んでいるようにも見えるのです。

まず答えやすい質問から

　拡大質問で何も引き出せないことがわかった私が行き着いたのが、「答えやすい質問から投げかける」というワザでした。「答えやすい質問」とは？

　そう、まず「限定質問」。そして「事実をたずねる拡大質問」。これなら生徒はけっこう素直に答えてくれるということに気づきました。

「ねぇ、部活動入ってる？」（まず限定質問）

「え？　入ってない……」

「そっか。学校は何時に終わるの？」（事実をたずねる拡大質問）

「え？　3時半」
「そう。学校から帰ったら何してるの？」
「え？　ゲームか、……たまにバイト」
「へぇ、アルバイトって何してるの？」
「コンビニ」
「コンビニでどんなことしてるの？」
「レジ打ち。……あと、掃除とか」
「ふ〜ん、スゴイね。いつからやってるの？　そのアルバイト」

　事実を淡々と質問し、聴いていきます。相手が言ったことは否定せずに承認します。すると、だんだんと心のシャッターが開いていくように、相手の言葉数が増えていきます。

「え〜？　……1年生のときからだから、もう2年ぐらい、かな」
「そう！　2年間も‼　スゴイね〜。よく続けてるね〜。ねぇねぇ、そのバイト、どういうところがおもしろくて2年間もやっているの？」

　相手が心を開いて、言葉のキャッチボールができてきたなというあたりから、相手の考えをたずねる拡大質問をしてみます。すると、

「え？　……う〜ん、いや、別に……お客さんに顔とか覚えてもらって、声とかかけられると、ちょっとうれしい、かな」

と、自分で考えながら話そうとし始めます。自分でも「そんなこと考えてたんだ！」という発見があるようです。

「まず答えやすい質問から投げかける」という方法は、子どもたちが自分で考えるというところに自然と立ち始める非常に効果的な方法でした。

やる気を引き出さない質問

「なぜ、まだ就職活動始めないの？」
「え？……」
「ほら、どうしていつもそうやって答えないの？」
「だって……」
「だってじゃなくて、そろそろ真剣に就職活動のこと考えようよ。なぜ、いつまでも本気で考えようとしないのかな？」

　例えば、こんなふうに問いかけられたらどうでしょう？　どんな気持ちになりますか？

　この「なぜ、〇〇しないの？」という質問は、質問の形をしていますが、相手を責めるニュアンスに満ち満ちています。質問する側も理由を聴きたいというよりは、どちらかというと相手を叱責するスタンスに立っています。こんな質問をされると、生徒でなくとも「だって」と言いたくなります。

　ところが、意外と私たちはこの質問を使っていませんか。周りの人に対してだけではなく、自分自身にもよく問いかけていませんか。

「なぜ、できないんだろう？」

「なぜ、うまくいかないんだろう？」

否定形が埋め込まれたこれらの質問を「否定質問」と言います。

この質問は、人を力づけるでしょうか。どうも言いわけしか引き出さないような気がします。そして、仮に「できない理由」がわかったところで、できるための方策や意欲が引き出されるかというと決してそうではないでしょう。

おまけに過去形を伴って使われると最悪です。相手はもう「ごめんなさい」と言うか、言いわけに終始するしかありません。子どもたちなら「叱られた」と思って黙ってしまうでしょう。

「否定質問＋過去質問」の例としては次のようなものがあります。

「なぜ、できなかったの？」
「どうして、やらなかったの？」

やる気を引き出す質問

「どうすれば、就職活動を始められるかな？」
「え？　……やることわかったら」
「うん。どうすればやることは明確になる？」
「……先生と相談？　……それよりもどこ受けるか決めないとね」
「うん。どうすれば決められる？」

「う〜ん……やっぱ、求人票見に行かないとね」

「うん、いいね！　いつなら行けそう？」

「え？　……そんなのいつでも。今日、とりあえず、このあと行ってみる」

　就職カウンセリングをしていて、急に生徒たちが具体的な行動について語り出すことがあります。それは、「肯定質問＋未来質問」を使ったときです。

「そっか、思ったように話せなかったんだね（受容）。次は、どうすればうまく話せると思う？」（肯定質問＋未来質問）

「なぜ、うまくいかなかったの？」（否定質問＋過去質問）よりも、子どもたちの視点が前に向かいやすくなります。

考えさせる質問の第一歩、「まず感想をたずねてみる」

「やってみてどうだった？」

　高校の進路指導の先生が、面接練習のあと、まず生徒自身の感想を聴いてみることにしたそうです。これまでは、こちらが感じたことを先に伝え、どうしても一方通行の指示になりがちでした。

「……緊張、しました〜」

　生徒の多くは、これを答えるだけで精一杯という状態です。最初は、これ以上のことは何も答えられなかったそうです。それでも、先生は、練習のたびに質問を繰り返しました。

「やってみてどうだった？」
「……まだ緊張してます」
あいかわらずです。それでも、やるたびに質問しました。
「今回は、やってみてどうだった？」
すると、生徒は、
「……目を見て話せませんでした」
というふうに、何かしら、自分の反省点について振り返って答えるようになってきたそうです。
「うん。よく自分で気づいたね。次はどうする？」
「目を見て話すようにしてみます」
こんなふうに、自分で言い始めます。
「今度はどうだった？」
「目を見て話すようにしました。でも、最後のお辞儀を忘れました。次はお辞儀やってみます」
だんだん自分で考えて答えることができるようになっていくそうです。

質問をしても、相手からすぐに答えが返ってこないと「ほら、やっぱり何も考えてないでしょ」と決めつけてしまいがちです。しかし、問いかけ続けることで、確実に視点は「自分で考えてみる」方向に向かいます。子どもたちの「自分で考える力」が伸びることで、格段に問題解決力も伸びていくと思いませんか。質問にはそんな力があると思っています。

何をたずねても「わからない」と言う生徒

「わからない」

この言葉を高校3年生との就職カウンセリングの中で、私は何度聞かされたことでしょう。口数が少ない生徒ほど、この言葉を使って、自分の考えを話そうとしないのです。

「将来、どんなことやってみたいの？」

「わからないです」

「今、興味あることは？」

「別に……わかんない」

「今日は、どんなこと話したい？」

「さぁ……わかんないっす」

これ以上、どうやって就職カウンセリングを進めたらいいのか、こちらも「わからない」という気分になっていきます。

先生方対象の生徒指導研修会などでも、この点に関するご質問がけっこうあがります。

「何をたずねても『わからない』と言う生徒とは、どう対話していったらいいでしょうか？」

実は、「わからない」は、生徒たちにとってとても便利な言葉なのです。これを言っておけば、とりあえず下手なことを言って叱られるリスクは回避されると思っているようです。一種の自己防衛なのかもしれません。そして、日頃考えることに慣

れていない生徒にとっては、「考えてみよう」と言われること自体、もう面倒くさいのです。

こうして、「わからない」と言うたくさんの生徒たちと接する中で、まず「わからない」を真に受けてはいけないということを私は学びました。「わからない」と決めつけている枠から、生徒自身もこちら側も抜け出すことが必要なのです。そして、そのキーがやはり「質問のスキル」にありました。

「かたまり」が大きいと答えにくい

例えば、「最近、どう？」と質問されたら、何と答えますか？

「ま、ぼちぼちですね」

とりあえず、なんだかよくわからないので、なんだかよくわからない反応をしてしまうという方もいらっしゃるでしょう。

「どう？　って言われても、何が？」

思わず確認したくなる方もいらっしゃるかもしれません。

私たちは、日常、大きな「かたまり」のままで漠然とした会話をしていることが意外と多いのではないでしょうか。

「勉強、がんばってね！」

「はい。がんばります」

「しっかりやれよ！」

「はい。努力します」

何を、どんなやり方で、どれくらいのレベルで、いつまでに、

というような具体的な話がないまま、お互いに理解し合った気になっています。そのため、後になって、誤解が生じるということも少なからず起きます。

　このように、かたまりが大きいまま質問をしてしまうと、相手は何を答えたらよいのか、実際わからない場合があります。
「将来、どうしたいの？」
と言われても、「将来」というかたまりは大きいですし、「どうしたい？」というかたまりも非常に漠然としています。
　「質問」をしているつもりでも、何を答えたらいいのかわからない「質問」も意外とあるのではないでしょうか。

「チャンクダウン」

「それで、あなたはどうしたらいいと思うの？」
「それがどうしたらいいかわからないんです」
　中学2年生の生徒が友人関係のことで悩んでいたそうです。担任の先生は、質問をしながら話を聴きました。
「まず、Aさんとはどうなればいいの？」
「Aさんには……、やっぱり、私がBさんと一緒にAさんの悪口を言ったことは誤解だってわかってほしい……です」
「うん、そうか。じゃあ、誤解を解くために、例えば、Aさんに対しては何をしたらいいのかな？」
「……やっぱり、ちゃんと伝える。……そっか、私がちゃん

と言わなかったから、Ａさんもよけいに怒っちゃったんだ」

「うん、具体的にはどんなことを伝えるの？」

「……Ａさんに私が声をかけなかったのは嫌いだからじゃない。そういうつもりじゃなかった。……でも、そう思ったのならごめんなさい」

「それは言えそう？」

「はい。言ってみます」

「いつだったら言えそう？」

「今日、この後、電話します。そうだ！　Ｂさんにも、Ａさんと一緒に話をしようよって言ってみます」

翌日、この３人は仲良しグループに戻ったそうです。相談に来た生徒も、今回、Ａさん、Ｂさんとの確執を自分で解決できたことが自信になったようです。「わからない」と言いながら、子どもたちは、ちゃんと解決策を自分で考えることができるものです。

この先生の質問は、大きな「かたまり」（チャンク）を小さなかたまりにしていく「チャンクダウン」という手法を使ったものです。かたまりを細かく砕いていくというイメージです。

漠然と「どうしたいの？」と質問していても、相手は「わからない」から抜け出せません。「まず、Ａさんとは？」と対象を絞って考えさせたり、「例えば？」「具体的には？」「いつ？」と相手が取るべき行動を具体化できるようにしています。焦点を絞って、具体的に話しているうちに、相手も自分が何をした

らいいのか気づいていくのです。

視点を変える質問

「自分の長所って何だと思う？」

これも、なかなか答えを引き出せない質問の１つです。なぜかと言うと、生徒たちの多くは「長所なんてない」というところに立って、この質問を受けとめているからです。「ない」というところに立っていたら、あっても見えません。

そこで私はこんな質問をしてみます。

「じゃぁ、短所は何？」

本当に不思議です。必ず答えてくれます。「短所はたくさんある」というところに立って、日頃から自分を見ているからです。

②の「承認」のスキルのところでもお伝えしましたが、短所を確認しながら「それもあなたの長所だよ」とつなげていくことで本人も長所に気づき始めます。例えば、こんな感じです。

「自分の短所って何だと思う？」

「飽きっぽいところかな」

「飽きっぽいってことは長所の１つだよ。新しいことに興味関心が向きやすいってことでしょ」

「そっか。そう言えば、子どもの頃から……」

としゃべり出して、時には止まらなくなったりします。

「やってみたい仕事は？」

これで、「わからない」となってしまったときは、そうです。反対のことを質問してみます。

「じゃぁ、絶対にやりたくない仕事は？」

不思議です。意外と答えてくれます。

「営業の仕事」

「そう、営業の仕事以外は何でもいいんだね？」

「いや～、何でもってわけじゃないですけど……、あ、でも、どっちかって言うと、自分、物をつくるほうがいいかな」

こんなふうに、話が「やりたい仕事」のほうへ向かったりします。

「わからない」という枠にはまっていると、答えがあっても自分でも気づけないものです。相手が枠の外に出られるような、視点を変える質問は効果的です。

「もし……だとしたら」の質問

視点を変える質問と同じ発想で、「わからない」という枠から相手を引っ張り出す質問があります。「もし……だとしたら」という質問です。

あるセミナーで講師が受講者に対して、こんな質問をする場面に出会いました。

「将来、あなたは何を成し遂げてみたいですか？」

（かなりチャンクの大きい質問です）

「……まだ、わかりません」

「もし、わかるとしたら、何だと思いますか？」

私は、思わず腰が抜けそうになりました。

「わかるとしたら」って、けっこう強引な質問だなあと思いました。ところが、質問されたほうは、ちょっと苦笑いをしながらも、

「そうですね。やっぱり、私は……」と自分なりの答えを話し始めたのです。これにはただただ感服でした。「あなたはわかっているはずだ」というところに立って質問をしていく講師の立ち位置に深い感動を覚えました。

「もし、何でもできるとしたら、何をやりたい？」

「もし、うまく言えるとしたら、何て言う？」

こんなふうに制限をはずしてあげると答えやすくなります。そして、相手が「例えば」と言いながら語り出した答えが、意外と本音であることが多いのです。

選択肢を示しながら質問する

「コーチは答えを教えない。相手から引き出す」

このコーチングの原則については、これまでも折々にお伝えしてきました。しかし、ここにこだわりすぎるあまり、「答えは言ってはならないもの。なんとしても相手から引き出さなけ

ればならない。それなのに『わからない』と言われて少しも引き出せない」と悩む方がいらっしゃいます。

　でも、ちょっと待ってください。ここでもう一度思い出してください。

　コーチングの目的は何でしょうか？

　「質問をして相手から答えを引き出すこと」ではないはずです。それは一手段にすぎません。

　本来の目的は、「双方向のコミュニケーションを通して、相手がやる気になり、行動を起こして結果をつくること」ではありませんか。ですから、何が何でも答えを与えてはならないというものではありません。「わからない」と言う生徒には、私も答えを見せてみるというアプローチをしています。

　「例えば、こんな仕事はどうかな？　身体を動かす仕事、1人で取り組む仕事、外に出かけていく仕事……」

　「一言で、接客業と言ってもいろいろあるよね。デパートやコンビニのように物を売るとか、レストランのように飲食を通して人と接するとか、バスガイドや旅行会社の仕事も接客だよね。あとホテルや遊園地などで働いている人も接客業だと思うけど、あなたがやってみたいのはどんなイメージ？」

　選択肢を示しながら、「あなたはどう思うか？」という質問をしていきます。すると、生徒は生徒なりにイメージがわいてくるようです。

　たしかに、世の中にまだどんな仕事があるのかもよく知らな

いのに、「何になりたいか」なんて考えられないのです。

大切なのは何でも話せる雰囲気づくり

　ある高校の保健体育の先生は、出席をとる際に、今日のワンポイント質問を投げかけることにしているそうです。例えば、
「一番好きなテレビ番組は？」
「自分がモデルにしている人は？」
など。
　生徒は出席の返事とともに、自分の答えを一言ずつ発表します。
　時間はかかりますが、毎時間続けていると、「先生、今日の質問は何？」と生徒も楽しみにするようになったそうです。先生に対して何でも言える雰囲気ができ、生徒同士のコミュニケーションもよくなってきたそうです。
　手法はいろいろありますが、「わからない」と言う生徒に対してまず大切なことは、何でも言える雰囲気をつくってあげることではないでしょうか。

4 やってみよう！「Iメッセージ」のスキル
子どもたちが自ら気づき行動を起こし始める

指示命令形のメッセージを浴びて生活する子どもたち

　先生方の研修会ばかりでなく、児童や生徒向けの講演のご依頼をいただくこともあるのですが、先生方や社会人を前に話をするのとは勝手が違うことが多々あります。まず、集中してこちらの話を聴いてもらうことが困難な学校もあります。

　私は「コーチ」という職業柄、「こうしなさい」「ああしなさい」という言い方に慣れていません。子どもたちが私語をしていても、

「静かに聴いてください」
「おしゃべりはやめてね」

などと言うことは一切ありません。

　子どもたちは、朝起きてから夜寝るまで、実に多くの「こう

しなさい」「ああしなさい」「これはダメ」というメッセージを浴びて生活しています。実際に小学校低学年の子どもがいる家庭で調査をした人がいました。130家庭での平均値で、1日80回、これら指示命令形の声かけがなされていたそうです。驚くべき数字ですね。

　子どもたちは、日々、「自分で考える」という間を与えられないまま、行動の選択を迫られます。ですから、しだいに「自分で考えて行動する」という習慣がなくなっていきます。

　ときどき、まったく面識もない方からメールをいただくことがあります。

　「最近、やりたいことがあって、学校をやめたいと思っているのですが、こういう場合、やめたほうがいいでしょうか？」

　詳細な状況説明もなく、赤の他人に自分の進路選択を委ねる若者たちに愕然とします。

　本来、「こうしなさい」と言わなくても、子どもたちはちゃんと自分で判断し行動することができます。講演会で私語をしている子どもたちも、考えさせる間を与えることができれば、静かに聴く耳を持ち始めるのです。

YouメッセージとIメッセージ

　例えば、相手を承認する言葉にもいろいろな言い方がありますが、日頃どんな言葉を使っていらっしゃいますか？　ちょっ

と次にあげる言葉を味わってみてください。

【A】
「よくがんばったね！」
「作文、上手だなあ。えらいなあ」
「いつもよく勉強しているね」
「自分ですすんでやるなんていい子だね」
「本当に努力家だね」

【B】
「正直に話してくれてうれしかったよ」
「次の作文も楽しみだね。早く読みたいな」
「見ていて本当に感心したよ」
「やっておいてくれて助かったよ」
「君ならやると思っていたよ」

さて、【A】と【B】、どちらが言われてうれしい言葉ですか？
より素直に前向きな気持ちにつながるのはどちらですか？
人はそれぞれタイプが違いますから、【A】のように言われたほうがうれしい人もいるでしょうし、【B】のほうが好きだという人もいるでしょう。これらは、どちらが正解、不正解というものではありません。どちらも、それを伝えたことで相手の前進を促すことができるのなら、「機能するコミュニケーショ

ン」ということができるでしょう。言い方にもいろいろあるということです。

ところで、【A】と【B】、それぞれのニュアンスの違いはなんとなく感じていただけますか。

【A】のような言い方を「You（あなた）メッセージ」と言います。「あなたは○○だね」という言い方で、主語が「あなたは」となります。

一方、【B】のグループは「I（私）メッセージ」と言われるもので、主語が「私は～」となる言い方です。日本語では、どちらも主語が隠れていることが多いでしょう。

Youメッセージはプラスの言葉であれば、たしかにうれしくないわけではありませんが、人によっては、素直に受け取ってもらえない場合があります。「あなたは○○だよね」と言われると、「お世辞でしょ！」ととらえる人、「わかったようなこと言わないでよ」と反発する人、「そんなことないですよ」と謙虚すぎて受け取れない人などがいます。

Iメッセージですと、その人自身が「感じたこと」をただ伝えてもらっているので、意外と素直に受け取れるようです。「自分はそんなつもりじゃなかったんだけど、この人はそう感じてくれたんだ」という気づきが起きます。

Youメッセージには、どことなく「評価」のニュアンスが感じられるのですが、Iメッセージには、相手の存在に対する「感謝」「承認」の気持ちが感じられます。だからこそ、言われ

たほうは、自分の存在価値を実感できる言葉でもあるのです。ところが、子どもたちは意外と、このＩメッセージで伝えてもらう経験が日常少ないのです。

You メッセージの危険性

「Ａさんと話していて、私が感じたことを伝えてもいい？」
「あ、はい」
「Ａさんの話し方はハキハキしていて、こっちまで元気になってくるね」
「え!?　そうですか。ありがとうございます」
「うん。こちらの話もしっかり聴いてもらえているのが伝わってきて、とても話しやすいよ。Ａさんに話してよかったって、人は思うんじゃないのかなあ。それって、あなたの長所だと私は思うよ」
「そうですか!!」

　自分の長所がわからないという生徒に、私は自分が感じたことをそのまま伝えてみました。これまで、先生や友達から「明るいね」「いつも元気だね」とほめられたことは何度かあったそうです。しかし、彼女はそれを長所だとは受けとめにくかったようです。

　「『Ａは明るいね』って言われると、本当はそうじゃないこともあるのに、『いつも明るくしてないと』っていう気持ちで、

正直しんどいんです。明るく元気じゃないと友達がいなくなってしまう気がして……。しんどくても『しんどい』って言えないっていうか。でも、『私と話してよかった、元気になった』って言われたらうれしい」

たとえ承認のメッセージであったとしても、「あなたはこうだよね」という言い方をされるとかえって負担に思う子どももいるようです。

「○○ちゃんはいい子ね。後片づけができて」

これはYouメッセージです。プラスの言葉ですから悪くはないのですが、評価するニュアンスがにじんでいます。「後片づけをする子はいい子。しない子は悪い子」という価値観を植えつけるもので、子どもによっては、「いい子でいるために後片づけしなくちゃ」と追いつめられることになりかねません。

一方、Iメッセージで伝えると、

「○○ちゃんが後片づけをしてくれたので、先生もとても助かっちゃった。ありがとう」

となります。

こんなふうに言われると、自分の存在が相手にどんな影響を与えているのかについて、子どもは考え始めます。今後、どう行動していけば貢献できるのかを自ずと考えるようになっていくのです。

Iメッセージのパワー

これはある大学生の体験談です。

僕は、中学生のとき、好奇心からタバコを吸ってしまった。そのことがまず母にばれて、ものすごく叱られた。
「中学生でタバコ吸うなんて、何考えてるの？ やめなさい！
お父さんが帰ってきたら、きつく叱ってもらいますからね！」
母はすごいけんまくだった。僕は、父が帰ってくるのがとても怖くてなって、自分の部屋にこもって勉強をしているふりをしていた。父が帰ってきた。まっすぐ僕の部屋に上がってくるのがわかった。僕は恐怖で震えそうになった。

父が部屋に入ってきた。僕は怖くて、顔を上げられなかった。父が僕の前に座った。「殴られる！」と思ったそのとき、父が笑いながらやさしく言った。
「お前、タバコ吸ってたんだってな」
僕は、予想もしなかった展開に何も答えることができなかった。続けて、父はこう言った。
「お父さんなぁ、おまえが自分の人生を汚すようなことをするのは悲しいんだ」
穏やかな声だった。この言葉を聴いた瞬間、ただ涙が溢れて、僕は思いっきり泣いてしまった。絶対に殴られる、叱られると

思っていたのに、父は一言も僕を責めることなく、ただ「悲しい」と言った。

この日から、僕は「絶対にタバコは吸わない」と決め、きっぱりとやめた。

「吸うな」と言うことは簡単です。そして、ここは「吸うな」と言うべき場面かもしれません。でも、それでこの子は本当に吸うのをやめるでしょうか。

「吸うな」と指示することがいけないと言っているわけではありません。このケースでは、何がこの子の心を動かしたのでしょうか。何がタバコをやめる行動を促したのでしょうか。ここには、自分の本当の気持ちをそのまま伝える、Iメッセージのパワーが存在していたように思うのです。

なぜ、子どもを叱ってしまうのでしょうか？

叱る根底には何がありますか？

「この子のことが本当に大切」「だから、健全に育って将来幸せになってほしい」という想いや願いがあるからでしょう。自分のストレスを発散させるためではないはずです。

「この子のことが本当に大切」「だから、健全に育って将来幸せになってほしい」という想いが子どもたちに伝わったなら、子どもたちはちゃんと自分で考えます。「そうか、タバコを吸うとお父さんが悲しむのか」「自分は本当に大切に思われているんだ」。そう思えたなら、自ずと行動が変わります。

「吸うな」という指示性のあるメッセージは、自分の行動が及ぼしている影響について、考えてみるよう促すなどという余地をほとんど与えないのです。

意図・影響・気持ちを伝える

　ですから、今日も私は、「静かに聴いてください」「おしゃべりはやめてね」ではなく、なるべくIメッセージで子どもたちに語りかけます。
　「みんなの大切な授業時間を私にいただくので、みんなに聴いてよかったと思ってもらえるような話をしたいと思って今日は来ました（**意図**）。ただ、お友達とお話をしている人がいると、私の言ったことがうまく伝わっていないんじゃないかと気になって私も集中できないんです（**影響**）。みんなが協力し合って熱心に参加してくれるととてもうれしいです（**気持ち**）」
　そして、承認を決して忘れないようにします。
　「今、『静かにしてください』と言わなくても、みんなが静かに聴いてくれているのが私には伝わってきています。すばらしい学校に呼んでもらったんだなとあらためて感謝しています。みんなの学校に来て本当によかったです。ありがとう」
　ある中学校での講演会の後、また面識のない方からメールが届いていました。この中学校に通う娘さんのお母さんからでした。

「『お母さん、今日、学校に講演に来た人、"勉強しなさい"なんて一言も言わないんだよ。でも、勉強はやっぱり大事だって思ったよ』と娘が熱心に報告するのです。石川さんとはどんな人かと思い、インターネットで調べてメールをさしあげたしだいです」

　子どもたちの感性は本当にすばらしいです。ちゃんとこちらの意図、気持ちを汲み取り、自分で考えて気づく力を持っています。そして、Ⅰメッセージはそのような力を掘り起こすのです。私はⅠメッセージが持つパワーにいつも驚かされます。

5 やってみよう！「リフレーミング」のスキル
子どもたちの恐れや不安に対応する

まず、「一緒にいる」という空間づくり

　先日も、ある高校へ就職カウンセリングに行ってきました。1時間目から6時間目まで6名の生徒と面談をします。あっという間の1日です。
「今日は、何について話そうか？」
　私は、最近、そんなふうに面談を開始することが多くなりました。生徒が持ってきた相談シートを先読みして、「そっか、何やりたいのかわからないんだね。今まで興味があったことは何？」などと、切り出さないことにしています。
「えっ!?」
　もちろん、最初は戸惑う生徒もいます。生徒が書いてきたことはちらっと見ますが、まず、目の前の生徒とじっくり向かい

合って一緒にいるという空間をつくらないと、限られた時間内で本音を引き出すことはできません。

「えっ!?　えーと……やりたいことが、わからない、っていうか……」

「そう」

「……あと、苦手なんです。人と話すの」

「そうなんだ」

「緊張するんで……ダメですよね、面接とかって」

「緊張するよね。面接官のほうも緊張するよ」

「あと、志望動機とかって、イメージわかなくて……」

「そう、イメージわかないんだね」

「……あの、行ってみてもいいかなって思う求人票があったんですけど、何していいか、わからなくて。……不安、っていうか」

　こちらの憶測は脇に置いて、いろんな思いを受けとめていくと、生徒が持ってきた相談シートには書かれていない本音が、ちゃんと出てきます。

「なんだ、受けたい会社、もう見つけてるんだ。ちゃんと動いてるんだね！」

　承認をして、何をしていけばいいのかについて一緒に考えていきます。

「枠組み」から来る不安

就職カウンセリングの終了間際に、私が必ずする質問があります。

「ここまで、いろいろ考えてきたけど、じゃ、まず、何からやっていこうか？」

「えっと、先生にまず、『この会社受けます』って言いに行きます。それから、いろいろ書き方が聞けたんで、志望動機をまとめてみます。このシートにそってやっていったらできそうです」

ちゃんと自分で、これから何をするかを答えてくれます。50分前とは明らかに違う口調と表情です。

最後に、生徒には「感想アンケート」を記入してもらって、就職カウンセリングは終了です。「カウンセリングを受けてどうでしたか？」の設問に、ほとんどの生徒が「不安が解消された」と回答してきます。「不安」という言葉を一言も口にしなかった生徒までも、です。

それだけ、生徒たちは未経験の就職活動に際して不安な気持ちを抱えているのでしょう。考えてみれば当たり前のことです。まだ十代という若さで、自分の職業選択を迫られているのです。やったこともないことをやってみろと言われるのです。怖いのは当たり前です。

高卒で就職するという選択をする生徒たちを、私は心から尊敬します。
　何をすればいいのかがわからないので不安。
　本当にこの選択でいいのか不安。
　そもそも「不安」だと思っていること自体よくないこと。
　「緊張」はしてはいけない。
　それなのに、「緊張」してしまう自分はダメ。
　……
　生徒たちは、自分で自分を追いつめる、自分なりの「枠組み」をたくさん持っています。先が見えないからこそ、よけいに勝手に枠組みをつくって恐れているところがあります。
　50分間という限られた面談時間の中で私がしていることは、そんな枠組みをちょっとはずしてみるサポートとも言えるかもしれません。少し視点が変わるだけで、生徒たちは自分で考えられるし、不安や緊張を乗り越えてやってみようと思えるのです。

意味のリフレーミング

　同じ絵でも、額縁を替えて飾ってみると、実に立派な絵に見えることがあります。逆に、絵の魅力を損なってしまう額縁もあります。
　このように同じ事実、出来事でも額縁（フレーム）を変えて、

別の角度から見てみるよう促すのが「リフレーミング」と言われるスキルです。

「1個受けたんですけど、ダメでした。面接で真っ白になっちゃって」

「そう、1社受けたんだ。チャレンジしてるね」

「はぁ、でもまたダメなんじゃないかと……。緊張しちゃうんです、私」

「緊張するんだ。○○さんは向上心があるんだね」

「えっ!?……ないですよ」

「うまくやりたいという気持ちがあるから、緊張するんでしょ。向上心のない人は緊張なんて感じないよ」

「はぁ、そっかぁ。そうですよね！」

「今回の面接試験は、自分にとってどんな意味があったと思う？」

「意味？……ですか？」

「そう、何を学んだ？　チャレンジしてみて、どんなことに気づいた？」

「真っ白になるとしゃべれない。……だから、何回も練習しておくことは大事」

「うん。いい気づきだねぇ！　他にある？」

「あっ、今回、集団面接だったんです。他の人の話を聞いていたら、ちょっと自分に自信がなくなってきて、準備していたことがしゃべれなくて。でも、自分の言葉で言えばいいんです

よね」

「そうだね。大事なことだね。次、受けるときはどんなことに気をつける？」

「もっと練習します。準備したことは緊張してもちゃんと言えるように。そうしたら緊張してもだいじょうぶ」

「すばらしいね！　いい経験だったね。次は、初めて面接試験を受ける人よりも、〇〇さんのほうがずっと有利だと思わない?!」

「あっ、はい！　そうですね‼」

最初に「ダメでした」と言ってきた表情とはうって変わって明るくなっています。

① 「緊張」は悪いこと。あってはいけないもの。
　⇨ 「緊張」は向上心の表れ。あっていい。

② 「面接試験に落ちたこと」は失敗。マイナスの出来事。
　⇨ 「面接試験に落ちたこと」は、次に生かせる学びと気づきの機会。自分にとって意味のある出来事。

この2点の額縁を差し替えてみることによって、生徒の気持ちは自然と前に向かっていきます。

こちらが額縁を替えて見る

　小学校1年生の担任の先生からうかがった話です。
　授業時間、自分のことより他の子のことが気になって集中できない児童がいたそうです。何かというと、
「先生、○○さんが教科書に関係ないこと書いてます」
「先生、○○さんと○○さんが勝手におしゃべりしています」
と口をはさんできます。
　その都度、先生は授業を妨害される感じがしてイライラしたそうです。
　ところが、ふとした瞬間に、「ああ、この子は、なんて周りをよく見ているんだろう。よく気がつく子どもなんだろう」と思えたそうです。そうすると、自分のイライラがどこかに行ってしまったというのです。
「○○君、みんなのこと、よく見ていてくれてありがとう。先生が気がつかないことまで気にかけてくれて助かるわ。でも、それは先生の仕事だから、これからは先生がちゃんとするようにするからね。○○君は、自分のことに集中してくれるとうれしいな」
と伝えたそうです。前節の4でお伝えしたIメッセージが非常に効果的に使われていますね。
　この児童は、その後、口をはさまなくなったそうです。

先入観の額縁に入れない

　高校の就職カウンセリングで私が出会う生徒たちは、そのほとんどが初対面です。日頃から、どんなことが得意で、どんなことに興味があって、どんな性格なのか、ほとんど情報がない中で向かい合います。ですから、50分間でどれだけのことができるのかと考えると、日頃からずっと生徒たちをご覧になっている担任の先生には絶対にかなわないと思います。

　しかし、私が「担任の先生ではないから有利だな」と思うことが1つあります（これもリフレーミングによって気づいたことです）。それは、目の前の生徒が「どんな生徒なのかわからない」ということです。だからこそ、「この生徒が今、この場で、何を考え、何を感じているのか」をきちんと知ろうとします。わからないから、先入観も決めつけも何もなく、話を聴けます。

　就職カウンセリングやセミナーの前に、先生から直接、生徒の情報をいただくことがあります。

　「Aはですね、ちょっと斜に構えたところがありますから注意してください。家庭でいろいろあって屈折していると言いますか、なかなか本音を言わないかもしれません」

　「BとC、あとD、この生徒たちはいつも反抗的な態度で、ご迷惑をおかけするかもしれません」

先生が親切心から私に情報をくださっているのはよくわかりますので、お話はそのままうかがいます。しかし、実際に生徒と向かい合うときは、それらの情報をいったん脇に置きます。本当はどうなのかは、生徒本人と話してみないと絶対に「わからない」のです。

　そして、実際に話をしてみると、先生がおっしゃるような生徒とは限らないのです。とても素直な生徒が多いです。

「すばらしく素直な生徒さんでしたよ」

「えっ!?　そうですか〜。外面はいいんですよね、うちの生徒」

「外面がいいっていうことは、すばらしい強みですよ。面接試験は、私のような初対面の大人に好印象を与えなくてはいけない場ですから」

　先生に対しても、さりげなくリフレーミングのスキルを伝えます。

相手をどういう額縁に入れて見るか

「以前、質問したときも何も答えなかった。だから、きっとまた何も考えていないだろう」「いつも遅刻をしてくるからやる気がないに違いない」などのこちら側が持っている枠組み、決めつけをいったん脇に置いてみると、また見えてくるものがあるような気がします。

「生徒が」「子どもが」と相手に視点を向ける前に、「自分自

身が、相手をどういう額縁に入れて見ているのか」、そこを振り返ってみる必要があるように思っています。

「えっ!?　その学校受けるの？　あなたにはちょっと無理なんじゃない？」

「ほら、お母さんは、いっつも僕が失敗することしか考えてない」

そう子どもに言われて、愕然としたというお母さんがいらっしゃいました。こんなとき、コーチングの言い方だったら何と言うでしょう？

「すごいね！　チャレンジャーだね！　強気な目標だね。あなたのやる気を感じるよ！」

私ならこんなふうに言うでしょう。これが正解だとは言いません。しかし、相手を「やれば必ずできる人」という額縁に入れて接することが、どれだけ相手の恐れや不安を解消することにつながるのかということは、ぜひお伝えしておきたいことです。

6 やってみよう！「フューチャーペーシング」のスキル
子どもたちが自由に将来をイメージし始める

「夢は叶えられる」は理想論？

「うちの生徒たち、自信がないのか、小さくまとまりすぎている気がするんです。将来の夢を抱けるような、元気が出る話をしてやっていただけませんか」

生徒の皆さんに対する講演会では、先生方からこのようなご要望が非常に多いです。

夢を叶えるサポートをするのが私の仕事です。「夢を描くことの大切さ」について、一生懸命、話をします。

学校での講演会は一対数百名の場ですから、正直、どこまで伝わっているのかは、子どもたちの表情からはなかなかつかみにくいものです。後日、送っていただく感想文を読んでようやく感動を新たにするしだいです。

「へぇ、聴いていないような顔をしていても、こんなことまで聴いていてくれたんだ」
　「なんてすばらしい感性なんだろう！」
　しみじみ感じ入ったり、とても勇気づけられる感想の数々に出合います。その一方で、非常に複雑な気持ちになることもあります。
　「やりたいことがあったけど、親に反対されてあきらめていた。でも、あきらめなければ夢はいつか叶うと思った」
　「最近、自分はちょっと疲れていてネガティヴだったけど、やっぱりプラスに考えていくことが大事だと思った」
　こんな感想を読むと、「まだ十代そこそこで、この子たちは何をあきらめているのだろう？」と悲しい気持ちにもなります。精一杯、「人には無限の可能性がある。自分の考え方１つで夢は叶えられるもの」と伝えたつもりでも、
　「しょせん理想論。世の中、そんなことでうまくいくわけがない」
　「物事をいい方向に考えすぎ」
と捨てゼリフのような感想を書いてくる子もいます。
　いろんな考えを持った子どもがいて当然と受けとめつつも、何がこの子にそう感じさせてしまうのか、どんな言葉を尽くせば将来に希望を見出せるようになるのかといつまでも胸が痛みます。

フューチャーペーシングで将来を自由にイメージ

「何でもできるとしたら、将来何したい？」

「はぁ〜？」

「ちょっと考えてみて。何の制約もないとしたら、どうなっていたい？」

「って言われても。……何でもってわけには……」

「うん、まぁ、そうかもしれないけど、現実はちょっと置いておいて、イメージしてみて。……はい！ 10年後、私たちは再会しました。すべては10年前に思い描いたとおりになっています。近況報告してみましょう！ ○○君から、はい！ どうぞ」

「えっ……」

「お久しぶり〜！ ○○君、元気だった？ 今、どんな仕事してるの？」

「……今？ ……え？ ……車。車関係の仕事、なんですよね……」

「へぇ、車関係。具体的にはどんなことしてるの？」

「え？ 車の整備士、なんですよ。昔からちょっと興味があって。……面接受けたら受かっちゃったんで。……ってこんなこと言ってていいのかな？」

「いいの、いいの！ いい感じ！ で、仕事は楽しい？ ど

んな毎日？」

「いや、楽しいっすよ！　車、いじるの好きなんで。で、自分も車買ったんですよね」

「へぇ、いいね！　どんな車？」

「え？　外車！……この前、ドライブ行ったんですよ〜。友達と海見に行ったんですけど……」

　就職カウンセリングで、生徒が進路に迷っていたり、将来に悲観的になったりしていると、私はときどき「フューチャーペーシング」という手法を使います。

　ペーシングとは、相手のペースに合わせること、つまり、話し手の声の調子や速度に合わせて話を聴き、安心して話せる環境をつくり出すことです。フューチャー、つまり生徒の将来について、ゲーム感覚でイメージをふくらませながら会話をします。あたかも現実であるかのように未来について自由に語るのです。話し手は何を言ってもOK。聴き手は否定せずに相手のイメージがどんどん鮮明になっていくように質問をしていきます。

　ポイントは「なんかくだらないけど楽しいかも！」という気持ちで気軽に取り組んでもらうことです。

　繰り返しますが、くれぐれも「それは無理！」などと一蹴しないことです。否定しないで聴いていくと、生徒たちのイメージは大人以上にふくらみます。いつの間にか、「3億の豪邸」が出てきたりします。

6　やってみよう！「フューチャーペーシング」のスキル

まずは冗談でいいのです。「ばかばかしい」で片付けてはいけません。フューチャーペーシングでやっていることは、前節の⑤でもお伝えした、相手が「自分で勝手につくっている枠組み」をはずす試みなのです。現実の限られた枠の中で考えているよりも、意外と本音や価値観に根ざした選択が引き出されることがあるのです。

「話してみてどう感じた？」

「いや～、そうなったらいいっすよね！　でも、そんな簡単じゃないっすよね」（やっぱり人は枠の中からなかなか抜け出せないようです）

「そうなれるよ！」

「え？　マジ？　どうやって？」

「それを考えるのがこの就職カウンセリングでしょ。どうやったらできるか一緒に考えよう！」

「そんなことがあってもいいかも！」「実現したらワクワクする！」という気持ちを持つことが将来を自由にイメージする第一歩です。フューチャーペーシングはその一歩を踏み出させる手法と言えます。

モデルを見せることで自分の将来像が具体化

「コーチング手法を使ってかかわる」というと、とかく一対一のコミュニケーションに限定されるような印象があるのです

が、一対大勢、つまりクラス全員に対してこんな試みをなさった先生がいらっしゃいました。

　その先生は中学２年生の担任です。生徒は全員「高校受験」することが決まっています。しかし、「来年は受験だから勉強しよう」と言っても、生徒はなかなか意欲的に取り組めなかったそうです。

　先生は、試行錯誤するうちにたどり着いたコーチング講座の中で、自分自身も取り組んだことを生徒にも応用してみようと思いました。

　「ところで、みんなは今日現在、どんな15歳になっていたいのかな？　ちょっと考えてみて」

　全員に投げかけてみました。

　「18歳のときはどうかな？」

　「次は、20歳！　20歳のときは？」

　「最後に、30歳になったときのことを考えてみて。どんな大人になっていたいと思う？」

　生徒に各々の年代について、何をしていたいのかを考えて書いてみるよう投げかけました。もちろん、すぐにはイメージがわかない生徒もいます。

　先生は、この課題とともに１つの宿題を出しました。自分の親に対して、15歳、18歳、20歳、30歳、各々の年齢のときに何を考え、何をしていたのかをインタビューしてくるという宿題です。やってみると親子間でも新鮮な発見がありました。

「親も子どもの頃はいろいろ悩んでたんだなあ」
「今の仕事に就くまでには苦労もあったんだ」

　この課題だけでも、自分の現在と将来を結びつけて考えるきっかけになったようですが、さらにこの先生は、コーチング講座で知り合った民間企業のサラリーマンや地元企業の経営者を学校に招いて、生徒たちに話を聴かせる機会をつくりました。各々のスピーカーには、15歳、18歳、20歳、30歳のときに何を考え、何をしていて、今の仕事にどうたどり着いたのかという話をしてもらいました。

　子どもたちは、世の中にはいろんな仕事をしている大人がいて、大人たちもみんな子どもの頃はいろいろ考えていたんだということを学びました。漠然と「将来のことを考えて」と言ってもなかなかイメージがわきませんが、リアルなモデルを見せることで、だんだんと自分の将来像も考えられるようになっていったようです。

受験の先のゴールを見せる

　その後、「30歳の自分」について全員が作文にまとめました。タイトルは「未来予想図」です。1人ひとりがクラス全員の前で将来の自分像を発表し合い、最終的に文集をつくりました。

　その内容はさまざまでした。和室がある家に住んでいる、年収1200万円を稼いでいる、プロサッカー選手になっている、漫

画家になっている、結婚して立派なお母さんになっている、など。具体的な民間企業名を挙げた子もいました。どれもこれも夢に満ちた内容でした。

　生徒たちの夢は十人十色なのですが、不思議と共通点もあるのです。どの生徒も今現在の自分が好きなこと、熱中していることについて書いています。例えば、サッカーとか絵を描くこととか。そして、将来やってみたいことについて触れ、30歳の自分は「一生懸命仕事をしている」「人の役に立つことをしている」「フリーターには絶対なっていない」などという言葉で結んでいるのです。

　これらは、私たちキャリア教育に携わる者が常々目指している成果そのものと言っていいでしょう。子どもたちが将来、社会のため、自分の幸せのために職業を選び働く意欲を持つこと。その成果が作文の中にはしっかりと現れていました。

　ところが、話はここで終わらないのです。それから後のことなのです。もっと驚くべき成果が現れたのは。

　生徒たちが、俄然、自発的に勉強をするようになったというのです。これまで、どの科目でも他のクラスに劣っていましたが、この学期の期末テストで、すべての科目の平均点が他のクラスよりも上回るという結果を出しました。これには先生自身もびっくりしたそうです。

　「30歳の自分」が見えたとき、子どもたちは「今、勉強をすること」が、その夢を叶えるための１つのステップだと思えた

のだと思います。受験のための勉強ではやる気は起きない。しかし、将来の夢を叶えるための勉強だったら意欲的になれるのです。

「将来の自分像」は別に途中で変わったっていいのです。でも、それがあることで目の前の勉強に価値を見出せるのなら、こんなに効果的なことはありません。

この類の事例は、現在、私のところに続々と寄せられています。受験の先にあるゴールを見せることで、子どもたちは勉強や学校生活に意義を見出せるようになっていくのだと実感します。

コミットメントを受けとめる

さて、前述したとおり、生徒たちは自分の作文を全員の前で発表しました。

こんなふうに、自分の目標やゴールを発表することを、コーチングでは「コミットメント」（公言）と呼んでいます。「私はこれをします！」と口に出して宣言する。その宣言を聴いている全員が「この人はそれを成し遂げる人だ」と肯定的に受けとめる。これがけっこう重要なことなのです。

口に出して伝えることで実現に向かうエネルギーが増します。宣言を受けとってもらった本人は、実現への可能性をさらに実感できるのです。「それを成し遂げる人」として周りから

認められることは、目標達成への意欲を喚起する上で非常に大切なのです。

ときどき、先生方からご質問をいただきます。

「そうは言っても、やはりどうしても無理なことを言い出す生徒にはどう説得したらいいのか……」

待ってください。どうか、先生が「無理」というところに最初から立たないでください。私たちがかかわっている相手は、何がどうなって「実現」を引き寄せるのかさえもわからない未知なる可能性を秘めた存在なのです。その可能性を引き出すのが私たちの仕事のはずです。

まず、どんな夢であっても「夢を叶える人」として子どもを受けとめる。教育する側のこの信念こそが、子どもたちの将来のイメージをさらに引き出していくのではないでしょうか。

7 やってみよう！「資源の発掘」のスキル
子どもたちの自己肯定感を高める

子どもたちが自発的になる瞬間

　わずか50分間の就職カウンセリングの中でも、子どもたちが急に意欲的になるのを感じる瞬間があります。「あれ？　この子の中でいったい何が起きたのだろう？」とこちらが考える間もなく、本音を語りだして止まらなくなる瞬間です。

　「やってみますね！　やってみないとわからないですよね！」

　ほんの数分前とは別人のようにイキイキとした表情で力強く宣言します。

　「あっ、ごめんね。もう時間がきちゃったね。就職活動の話が今日はほとんどできなかったけど、最後に何か聞いておきたいことはなかった？」

　「いいんです！　私、なんかわかった気がします。やってみ

ますね！　ありがとうございました」

　何がわかって何をやってみるのか、こちらにはさっぱり理解できないこともあります。ただ、はっきりわかるのは、50分前よりはずっと前向きで元気になっているということです。

　多くの子どもたちと接する中で、だんだんわかってきたことがあります。「あること」に気がつくと、子どもたちは自然と自発的、意欲的になれるのです。これがわかってくると、私の役割は、指導することでも説得することでもなく、子どもたちに「そのこと」に気づいてもらうだけでいいのだと思うようになりました。あとは、子どもたちが全部自分で考えられるし、自分で行動できるし、自分で結果も出せるのです。

　では、いったい何に気づけば、子どもたちは意欲的になれるのでしょうか？

　それは、自分の中にある「資源」に気づいたときです。「自分もやったらやれるかも！」「自分も捨てたもんじゃない！」と自ら気づいたときから、子どもたちは力を発揮し始めるのです。

自発性の源「自己肯定感」

　「これから自己ＰＲを考えてもらいますが、その前に、まず、できるだけたくさん『自分の長所』をリストアップしてみましょう！」

就職セミナーの中で、子どもたち1人ひとりに取り組んでもらいます。
「10個以上書けた人、いる？」
　さすがに、高校生でいきなり10個は難しいようです。
「5個以上書けた人は？」
　1人2人、手があがります。
　やっぱり！
　私は、また確信を持ちました。これまで何度もいろんな学校でやっているので、最初に誰が手をあげるのかだいたい予測できるようになっているのです。やっぱり、あの子か。

　たくさん自分の長所を書ける子は、直接話さなくても見ていてわかります。まず受講態度が違うのです。意欲的にセミナーに参加しています。こちらを表情豊かにじっと見つめて話を聴いています。

　一方、自分の長所をほとんど書けない子は、セミナーに対してとても後ろ向きなのです。態度で伝わってきます。ずっと目を伏せたままだったり、斜に構えたりしています。ところが、そんな子でも、時間の経過とともにどんどん自分の長所を発見していくと顔つきが変わってくるのです。

　自分で自分を認める部分をたくさん増やしていけば、つまり「自己肯定感」を高めていけば、子どもたちはどんどん素直で前向きになっていくのだと私は確信しました。

「その人の目標達成に必要な資源は、すべてその人の中に備

わっている」というコーチングの哲学があります。コーチングは、相手の中から能力や意欲を「引き出す」ものです。ですから、相手の中にそれらが「ある」という前提でコーチはかかわっていきます。本人さえもまだ気づいていない、すでに「ある」資源を掘り起こしていくことこそ、コーチの仕事なのです。

どうやって眠っている資源を発掘していくのか、ここではそのポイントをご紹介しましょう。

強みにスポットライトを当てる

「自分のいいところって、何かないかな？」
「ないっすよ〜。いつも叱られてばっかだし」
「そうなんだ、叱られるんだ」
「そう。ゲームばっかやるな、みたいな」
「ゲーム、好きなの？」
「まぁ、おもしろいっすよね」
「へぇ、どんなゲームしてるの？」
「いや、言ってもわかんないと思いますけど」
「そうか。1日でどれくらいしてるの？」
「え？ やってるときはずっとやってる。2時間、くらいかな」
「へぇ〜！ 2時間‼ すごいね！ すごい集中力だね」
「はぁ？」
「私、2時間もゲームできないよ。すぐ飽きちゃう。その前に、

すぐゲームオーバーになって、おもしろいって思うところまでできないよ。そんなに集中してできるなんてすごいよ！　それだけの集中力があったら何でもできそうだね」

「え？　そうっすか？　いや、自分、ちょっと凝り性なところがあって、昔から何かやり出すと……」と、たちまち話しだして止まらなくなった子もいました。

「そこそこ！　それがあなたのいいところ！」と長所にスポットライトを当ててあげると、たちまちイキイキし始めます。

「そうか、これっていいところなんだ！」と気づいた瞬間、子どもたちは「できるかも」「ちょっとやってみようかな」という感覚を持ち始めるようなのです。

「強みは必ずある」というところから見る

中学生の頃、勉強にほとんどついていけなくなって、転校を余儀なくされたという人がいました。勉強に対して、自信もやる気もまったく持てなくなっていたと言います。しかし、転校した先で受けた最初のテストがすべて四者択一問題で、でたらめに回答をしたら、たまたま70点とれたそうです。そのとき、担任の先生がものすごく喜んでくれました。

「お前、天才だぞ！」

「いや、先生、適当に選んだだけだよ。まぐれだよ」

「それにしても70点はとれないだろう！　このテストで７割

もとれるなんて、お前には才能がある！」

この一言で、「勉強してみようかな」という気持ちがわいてきたそうです。

「いいんだよ。全部、理解できなくても。お前には、勝負強さがある！　それは才能だ！」

先生は、そう言っていつも励ましてくれたそうです。「やれるかも！」という気持ちになって、勉強してみたら少しずつ結果が出始めました。それが楽しくなって、勉強するようになっていったそうです。

これもある中学生の話です。テストの答案がいつもほとんど書けない生徒がいました。新しい担任の先生は、

「〇〇君、いい字書くね！　こんなに丁寧に答案に名前を書いている人は他にいないよ」

と言ってくれたそうです。

そんなことを言われたのは初めてでした。それから、彼は、できるだけたくさん字を書こうと思って勉強するようになったと言います。志望校に合格したとき、「あのときの先生の一言がなかったら、今はありません」と報告したそうです。

たとえ、相手がどんな状態であっても、「いいところは必ずあるはずだ」として接する。この視点が子どもの眠っている力を呼び覚ますのです。

成功体験に目を向ける

「部活動で一番がんばったことは何？」

「山岳部だったんですけど、実際の登山はすごくきつかったです。山に登りたくて入ったのに、もうダメと思いました」

「そうなんだ。どうやって乗り越えたの？」

「いや～、もうやるしかないなって感じで。みんなにも迷惑かけちゃいけないと思って」

「実際に達成したときはどうだった？」

「もう、気持ちよかったですね～」

「そう！　すばらしい経験をしたんだね。その経験から何を学んだ？」

「え？　えーと……『苦しいときは一時』っていうか。……そっか～、そうですよね！　あの登山できたし、やれますよね！」

　自分がうまくやれたこと、成し遂げたことを思い出すことで、また意欲がわいてきます。

「以前、うまくいったときは、どうやったらうまくいったの？」

「どんな気持ちで乗り越えたの？」

と成功体験を聴いてみます。過去の体験は、その人にとって資源の宝庫なのです。

「明日は、算数の代わりに国語の授業をするので、国語の教科書持ってきてね」

小学校1年生の担任の先生は、終わりの会で子どもたちに伝えました。ところが、翌日、やっぱり国語の教科書を忘れてきた子が何人かいました。
「どうしたら忘れないで持ってこれたの？」
　先生は、忘れてきた子どもにではなく、忘れずに持ってきた子どもたちに問いかけました。
「『国語持ってくる』と連絡帳に書いて帰りました」
「帰ったらすぐ、ランドセルに国語を入れました」
「お母さんに『明日、算数が国語に変わったんだよ』って言っておいたら、夜、寝る前に『国語、準備した？』と聞いてくれて思い出せました」
「『国語、国語』と言いながら、学校から帰りました」
　さまざまな意見があがってきました。忘れてきた子も「なるほど」と聴いていたようです。とかく、うまくいかなかった原因を追求しがちですが、うまくいったことに焦点を当てて聴いていくことで、「次はこうしてみよう！」と思えるようになるのではないでしょうか。

小さな変化に気づかせる

「前やったときよりもお辞儀の形がきれいになってるよ！」
「最初に話したときよりも、わかりやすく話せるようになったね」

ささやかな変化でも伝えてあげると、子どもたちはとても意外そうな、しかし、とてもうれしそうな顔を見せます。
「どう？　朝と比べて、ずっと自分の言葉で話せるようになってると思わない？」
「はい、ホントに〜！」
「１日でこんなに変われるんだよ。すごいと思わない？　私はたぶん１日ではこんなに変われないと思う。○○さんの吸収力はすごいよ！」
「そうですか〜！　またやってみます〜！」
　この子のどこが変化したのか、成長しているのか、そこに視点を向けて伝えていきます。まずは100点でなくていいのです。50点が51点になったら、その変化を伝えます。１点でも自分の前進を実感できたら、また前に向かう意欲がわいてくるのです。
　人は、自分の内側に「夢を叶える力」がもうすでに備わっているのだということを思い出すだけでよいのではないかとさえ思います。それだけで、眠っている力をどんどん発揮するようになれるのだと、高校生と接する中で私は教わっています。
「そこそこ！　それがあなたのいいところ！」
　欠点指摘の前に「資源の発掘」をどんどんしていきたいものです。

8 やってみよう！「暗示」のスキル
子どもたちの向上心をさらに引き出す

「そこまでしたくない」と言う生徒たち

「そこまではいいかな、って感じ」

「まぁ、自分にできるのはこれくらいかなって」

 傾聴や承認、質問を重ねていくことで、子どもたちがどんどん本音を話し出すようになるのは実感できるのですが、同時に、「しょせん、こんなもの」という本音に行き着いてしまう子も意外に多いものです。

「そうかな、○○君ならきっとできると思うけど、もったいないと思うなあ」

「いや、いいんすよ、別に、フリーターで。今、バイトやっててすごく楽しいし、こういう仕事だったらずっとやってもいいかなって思うし。みんないい人だし、すごく楽しい店だし、

ずっと続けたいっすよ。けど、社員の人見てたらたいへんそうだから、自分、そこまでできないって思うし」

就職カウンセリング業務の使命の1つは、「新卒者を極力フリーター化させない。正社員での就職を促す」ということだと認識しています。そう思いながらも、コーチングの基本理念が私の頭をよぎります。

「コーチは、その人が望むところに行けるよう側面からサポートをする」

この子が、本当にフリーターをやりたいと思うのなら、それを無理やり説得するのはコーチではないのではないか。いや、やはり、長い人生を考えたら、ここで正社員として就職することのメリットを伝えて説得することが、キャリアカウンセラーとしての役割ではないだろうか。心の中で葛藤していることもしばしばです。

「そこまでしたくない」と言っている子どもたちに、さらにチャレンジを促す。つまり、現状でよしとしている子どもたちの気持ちを尊重しつつも、こちらが期待する方向へ導いていくことは、教育現場ではやはり必要なのだと感じます。

「誘導する」という言葉はあまりいい響きがしませんが、「その気になるよう導く」ことは私たちの役割なのだと思います。子どもたちを「その気にさせる」、「暗示」のスキルについてご紹介します。

自己暗示を促進する

「そっか、そんなに今のバイト、楽しいんだね。いい経験してるね。○○君のようなタイプは面接試験に一発で受かるタイプなんだけどなあ」

「え？　ホントっすか？」

「うん、本当だよ。まず、目を見て話せる。これは面接試験で、私たちがまず見ているところなの。それと、実際の接客経験があるわけでしょ。お客様に対する言葉づかいをすでに現場で教えてもらっているよね。それはすごい強みだよ」

「ああ、そうですね。たしかに。……へ～、受かるんですか？　こんなんで？」

「うん、ちょっと準備をしたら、○○君のような話し方をする人は受かりやすいよね。あと、アルバイト経験がある人って、正社員で入ると出世する人が多いよね」

「はぁ、そうですか。……面接試験、行くだけ行ってみようかな」

「なんて楽観的なことを言っているんだ」と思われるかもしれません。私が使っているのは、「暗示」のスキルと言われる手法です。

例えば、自分では自覚症状がまったくないのに、誰かに「最近、ちょっと顔色悪いですね」と言われた途端、本当に気分が

悪くなってきたという経験はありませんか。実際はそれほどのことでもないのに、誰かから言われたことによって暗示にかかってしまうという現象です。

また、何か大きな買い物をするときに、自分の内側で自分と対話をしているようなことはありませんか。

「これ！　欲しいな。でも、ちょっと高いな。だけど、この品質でこの値段はけっこうお得かも。どうせ買うならいいものを買うべきだし、この値段で長く使えたらかえって安いかも。よし、思い切って買おう！」

人が自発的に行動を起こすときは、自分で自分を説得し、自分で納得したときです。つまり、自己暗示に成功したときです。

相手の自発性や意欲を高めるために、この自己暗示を促進することをコーチは頻繁にやっていきます。これが「暗示」のスキルと呼ばれるものです。

「〇〇君のようなタイプは、〇〇というタイプだよね」という言葉の真偽は、正直、明確にできるものではありませんが、言われたほうは、なんだかそんな気になっていくものです。そして、それが、相手を動機づけるために使われるのなら、私は「嘘も方便」だと思うのです。

ところが、日常、かえって相手の苦手意識や恐れを助長するような「暗示」のほうが多く使われているような気がします。

「そんなにのん気にしていると就職できないぞ」

「おまえみたいなヤツがいちばん時間がかかるんだ」

などがその一例です。

成功事例による暗示

　「暗示」のスキルは、こんな使い方もします。
　「それそれ！　なかなかいい体験してるね」
　「へ？　部活の話、ですか？」
　「そう、意見が対立してやめさせられそうになったんだけど、みんなと話し合って、乗り越えたっていう話」
　「はぁ、こんなの自己ＰＲに使えるんですか？」
　「使えるよ！　去年、第１志望の会社から一発で内定もらった先輩が使ったネタだよ！　それ」
　「へぇ〜！　そうなんだ〜！」
　「それ、要点を絞って言えるように、ちょっと練習してみようよ」
　「はい‼」
　子ども自身がやっていること、やろうとしていることの成功した前例を伝えてあげると、よりいっそう「やってみようかな」という気持ちになるようです。
　以下は、大学受験を控えたお子さんに対して、お母さんが実践された事例です。
　「いよいよ受験だね！　がんばってね！」
　「やっぱ、ダメかも。滑り止めでいいかな〜」

「そう？　高校受験のときも同じこと言ってたよね。で、ちゃんと合格したよね。あのときのあなたと最近、すごく似ているような気がするんだけど」
「え？　そうかな〜？」
「うん、だから、たぶん、お母さんは今回も合格すると思う。あなたはいつも本番に強いからね！」
「そうだよね！　がんばってみる‼」
　このように、誰かの成功事例ばかりではなく、過去にうまくいったときの本人の事例を引用して動機づけをします。

前提を埋め込む

「あっ、もう時間だね。今日のこの50分間で、きっといろんなことが明確になったと思うけど、○○さんはまず何からやってみようと思った？」
　就職カウンセリングの最後に、私は子どもたちにこう質問することにしています。すると、
「えーと、まず求人票、見に行ってみます」
「自分の長所がわかったんで、自己ＰＲを書いてみます」
などと、自分から何をするのかを答えてくれます。初めはあれほど、「わからない」「できない」と言っていたのに。とても感動する瞬間です。
　就職セミナーの最後には、こんな言い方をすることもありま

す。

「今日のセミナーの中で、たくさんの学びがあったと思いますが、皆さんは、何がいちばん印象に残っていますか？ あなたが大事だなと思ったことをちょっと隣の人に伝えてみてください。はい、どうぞ！」

これらの投げかけには、ある前提が埋め込まれています。相手に気づきや学びがあったかどうかは、実際のところ定かではないのですが、「あったと思うけど」と言って質問をすると、相手は「あった」という前提で自分の中に答えを探しに行き始めるのです。ですから、自分で答えを見つけ出し、それを言葉に出して伝えることで、自己説得が起きやすくなるのです。

学校での講演会にうかがって、ときどき気になることがあります。私の話の前に、学校の先生が私の経歴や講演のテーマを紹介してくださる場面があります。その際、「みんなには、まだピンとこないこともあると思うけれど、石川さんのお話を聴いて、進路のことを考えるきっかけにしてほしいと思います」という言い方がけっこう多いのです。

「まだピンとこないこともあると思うけれど」という前提を埋め込むのは、ぜひ避けていただきたいと思ってしまいます。

講演後にダメ押しをされることもあります。

「今、石川さんが話されたことを全部実践していくことはなかなか難しいと思いますが……」

人の前進を阻む前提はやめませんか。

ストレッチ目標

子どもたちの能力や向上心をさらに引き出すためには、ときどきこちらもチャレンジングな投げかけをします。

「じゃ、まず、志望動機をつくるんだね。それはいつまでにやる?」

「え? 今月中、には……」

「今週中にやってみようよ」

「え〜!? 今週って、あさってまで……ですけど」

「そう! 3日間でやってみようよ」

「え〜!? ムリ〜!」

「完璧でなくていいから、ちょっと書いてみよう!」

自分にとってはハードルが高いけれども、ちょっと背伸びをしたら届くかもしれないという目標のことを「ストレッチ目標」と言います。相手の能力をさらに引き上げる目的で、少し無理と思える課題を提示します。たしかに、達成できない場合もありますが、それでも低い目標設定をしたときよりもはるかに向上している場合がほとんどです。

これは、学習塾の先生にうかがったお話なのですが、「1時間で10問」という目標を与えて数学の問題に取り組ませると、10問全部解答できる子どもは5〜6割くらいだそうです。ところが、同じレベルの問題を「今日は1時間で20問ね!」と倍の

目標設定をして取り組ませてみると、全員が10問以上はできるのだそうです。

　もちろん、「ストレッチ目標」は、相手を尻込みさせることもあります。しかし、それに挑戦したこと、そして挑戦して得られた成果は、挑戦させなかったときよりも、相手から自信と意欲を引き出すように思うのです。

　著しく自信を失っている子には、まず低いハードルをクリアさせて「成功体験」を積ませる。より向上心を持ってほしい子には「ストレッチ目標」でチャレンジさせる。使い分けも必要です。

「失敗」の価値

「いいよ！　今回は、落ちてきて。まず１回落ちてこようよ。本命はその後に受けたほうがいいんだから」
「えっ⁉」
「第１志望をいちばん初めに受けるなんてリスク高すぎだと思わない？　まずは練習練習！」
「そうですよね！　落ちてもいいんですよね。まずは受けてみます」
　さっきまで、「自信がないからまだ就職試験は受けられない」と言っていた子がイキイキし始めます。肩に力が入っていない状態で面接試験に臨みますので、かえって受かってしまったり

します。

　みんな、失敗は怖いし、してはいけないものと思っています。だから、私は子どもたちの前で、自分が失敗をした話をどんどんします。失敗がどんなに価値あることなのかを伝えます。子どもたちは、感想文に書いてくれます。

「失敗はマイナスじゃない。『失敗は、この方法じゃダメだということがわかった１つの発見、前進』という石川さんの言葉がとてもいいなと思った」

「『世の中には成功と失敗があるわけじゃない。成功と学んだことしかない』という話は、本当にそうだと思った」

エピローグ EPILOGUE

「スキル」は「あり方」があってはじめて機能する

「スキル」の限界

「コーチング」という用語は、ここ数年でずいぶん普及したと感じます。私がビジネスコーチとして独立した当初は、スポーツかビジネス界のものというイメージでしたが、今では、教育、医療、福祉などさまざまな分野で導入されるようになりました。

コーチングが広まることはとても喜ばしいことなのですが、同時にこんな声が増えたことも事実です。

「ああ、コーチングね。あれは使えないよね」

「やってみたけど、効果がなかった」

とても残念なことです。

多くの企業がコーチング研修を導入しましたが、なかには、「職場がかえって混乱した」「上司のストレスが増えた」などの課題が生じた職場もたしかにありました。

エピローグとして、「本当に成果があがるコーチングとは何なのか」についてお伝えしたいと思います。それは結局、コーチングの何が機能しているのかということであり、私はそれを高校生たちから教わりました。「テクニックでは人は決して動かない。スキルには限界がある」という現実に直面させられたのです。

子どもは見抜いている

「何でもいいんだよ。就職の話じゃなくても。何か話したいこと、質問してみたいことがあったら言ってみて」

入室からずっと黙ったままの生徒に、私は丹念に声をかけ続けていました。時間どおりに就職カウンセリングにやってきたのはよかったのですが、あいさつもしなければ、目を合わせようともしません。

「私ばっかり話してたら、なんかさみしいんだけど……、○○さんも話したいことを話してくれたらうれしいな」

Ｉメッセージも使いました。

「部活動には入ってるの？　学校終わったら何してるの？」

「Yes ／ No」で答えられる限定質問や事実をたずねる質問も使ってみました。それでも、まったく何も答えようとしないのです。不機嫌そうに机の上を見つめるばかりです。

「なぜ何も話さないの？　前のカウンセラーさんには、こんなこともあんなことも話したってカルテに書いてあるのに、なぜ私には口もきいてくれないの？　就職のことを考える前に何か問題があるんじゃないの？　私はカルテにいったい何て書けばいいのよ！」

私の内側ではそんな苛立ちと焦りがわき起こっていました。

「ねえ、しゃべりたくないの？　ここにいたくない？　授業

戻りたい？」と質問した瞬間でした。生徒は乱暴に椅子から立ち上がり、ドアをバタンと閉めて出て行ってしまいました。私にとってとても痛い経験でした。

私の質問の仕方、ものの言い方は非常にコーチングらしかったと思います。でも、生徒は見抜いていたのです。「話さないあなたはおかしいよね！　私が聴いてあげているんだから何か言いなさいよ」というおよそコーチとは言えない私の立ち位置に。そんな相手に生徒は心を開くでしょうか。

今なら、どうすればよかったのかわかります。この生徒は、時間どおりに自分でドアを開けて部屋に入って来たのです。なぜ私はそのことをまず承認できなかったのか。そして、「話したくないんだったら無理に話さなくていいよ。でも、きっと考えていることがあると思うから、話したくなったら話してね」というところに立って、信じて待てなかったのか。話したくない理由が何かあるのなら、なぜそれに耳を傾けようとしなかったのか。

私の立ち位置は「私がコーチングしてあげる」という非常に傲慢なものでした。恥ずかしいです。

「スキル」の前に「あり方」

私はこの生徒から、コーチングで最も大切なことを教わりました。

・コーチングで機能しているのは「やり方」ではない、コーチ自身の「あり方」である。
・「スキル」は「あり方」があってはじめて機能する。

「あなたは自分で考えられるし、自分で目標達成もできるよね。あなたにはこんないいところもあるのだから、きっとできるよ」という立ち位置に立って発する言葉こそが、相手の心を開き、前進を促すのです。

「おまえら、いいかげんにしろ！　そんな半端な気持ちならやめてしまえ！　でも、おまえたちは、そんな半端なやつらじゃないんだ！　そんなことであきらめるなんて、おまえたちらしくないぞ！」

部活動の顧問の先生に活を入れられた経験を、ある生徒が語ってくれました。厳しい言葉を浴びせられているうちに、部員全員泣けてきたそうです。先生も涙を浮かべながら叱ってくれたそうです。この後、部員たちはもう1回がんばってみようという気持ちになり、より団結したと言います。

この先生の言葉は、たしかにコーチングらしくありません。指示命令も否定する言葉もバンバン使われています。しかし、この言葉の根底には何が存在しているでしょうか。部員に対する先生の厚い信頼や期待、深い愛情がにじんでいると思いませんか。

人は、それが感じられたらどんなに厳しい言葉でもしっかり受けとめられるものなのです。「君たちはやればできる。そういう存在だと信じて私は接している」という「あり方」から発せられた言葉なら指示命令も否定語も機能するのです。

「石川さん、実は私、ここだけの話、『コーチング』嫌いだったんですよ。今日の研修で、なぜ嫌いだったのかがよくわかりました。『あり方』がないコーチングばかりだったんですね。『スキル』だけだとテクニックでもって丸め込まれるような気持ちになってしまって、いつも胡散臭いと思っていました」

こんな感想を研修後、率直に伝えてくださる方も少なくありません。

コーチングを実践してみたけれども効果が現れなかったとしたら、一度ふりかえってみていただけないでしょうか。「スキル」先行のコーチングに陥ってはいなかったでしょうか。それらしい言葉は使っているけれども、本当に自分は相手の可能性を信じてかかわっていたでしょうか。相手の存在を肯定的に認めていたでしょうか。

コーチは相手の味方でいる

コーチングは、単なる「言葉のやりとり」ではありません。向かい合って質問を繰り返すことがコーチングのすべてではないのです。

以下は、ある大学生が「私のコーチング体験」として、自分の小学生時代のことをふりかえって書いてくれたレポートの一部です。

　私は小学生の頃、どうしようもない悪がきだと学校中の先生からレッテルを貼られていた。実際、窓ガラスを叩き割ったり、高額な楽器を壊したりしたこともあった。教室では授業妨害ばかりして、教科書を学校に持っていったことは一度もなかった。先生方はいつも私のことを「とんでもないやつだ」という目で見ていた。
　ある日、友達が学校にゲーム機を持ってきて先生に叱られた。先生は、その子からゲーム機を取り上げようとして床に落として壊してしまった。でも、先生は「持ってくるほうが悪い」と言って、謝りもしなかった。私はとても腹が立って、思わず手元にあった筆箱を先生に投げつけてしまった。先生は、「おまえみたいなやつはもう学校に来るな」と言い、後で校長室に来るように言われた。
　教室に戻ると、担任の先生が事情を聞きつけたように私を呼んだ。私は絶対に叱られると思ったが、担任の先生はやさしく問いかけてくれた。
「どうして筆箱を投げたの？」
「知らない……」
「何もなかったら筆箱を投げないよね。君はそういう子じゃ

ないよね」

　その言葉がすごくうれしくてすべてを話した。すると、担任の先生も校長室に一緒についてきてくれた。

　校長室に入ると、校長先生はいきなり

「君はどうしようもない子どもだな」

と言った。すると、担任の先生は、

「何も知らないのに、どうしてそんなことがわかるんですか？この子はやさしい子です」

と言ってくれた。きっとその先生は、校長先生とは後から気まずい関係になってしまったと思うが、私はその先生が大好きになった。１人でもいい。自分のことを本気で信じてくれる人がいるって本当に幸せなことだと思うと同時に、自分もその先生のような人になりたいと思った。

　「誰が何と言っても、あなたは私の生徒（児童）なんだから私はあなたを信じる。守る」というあり方こそが、子どもたちを動かすのではないでしょうか。

　この学生が書いているように、味方は１人でもいいのです。たった１人でも、「あなたはよくがんばっている。私はいつも見ている。応援している」という存在がそばにいることが、どれだけその子の自己肯定感や自発性に大きな影響を与えるでしょうか。先生方には、たとえ今どんな状況にある子どもであっても、まず、その子の味方であってほしいと私は切に思うの

です。

コーチは相手の可能性を信じる

　コーチングをここ数年、熱心に勉強されている先生が伝えてくださった言葉です。
「教員はどうしても生徒に対して『今のままの君じゃまだダメだ。私が君のダメなところを正してあげよう』という気持ちになってしまうものなのです。でも、本来、教員の役割は『君は、将来、すばらしいことを成し遂げる人なんだよ』という存在として生徒を育てることなのだと思います。コーチングの哲学こそ、まさに学校教育の哲学そのものなのです」
　私も大いに共感します。そして、この言葉から思い出した言葉があります。「幸せだから笑うのではなく、笑うから幸せになるのだ」という言葉です。同じように、「その人が成果をあげているから信じるのではなく、信じるから成果をあげる人になっていく」のではないか、それがコーチングの真髄のように思われます。
　「人は扱われるようにしかならない」
　こちらが勝手な思い込みで決めた限界が、相手の限界になっているということはないでしょうか。こちらが「この程度の子」と思ってしまったら、相手は「この程度」以上には絶対にならないでしょう。しかし、「君ならできるよ」の一言が奇跡を生

むことは決して珍しいことではありません。本人以上に本人の可能性を信じて、情熱を持って伝え続けることで、それが現実となっていく世界はたしかに存在するのです。

　コーチングは万能ではありません。しかし、「相手の可能性を信じる」というあり方に立ったコミュニケーションは、人を大きく前進させると私は確信しています。そこに立てないのなら「コーチ」である資格はないと肝に銘じて、これからも、子どもたちとかかわっていきたいと思います。

　人を絶望させたり、おとしめたりするコミュニケーションではなく、人を勇気づけ夢や希望を引き出すコミュニケーションが、教育現場へのコーチング普及を通して広がっていくことを願っています。

あとがき

　小学生の頃、「小説家になりたい」という夢を持ちました。「簡単になれる職業じゃない」と言われ、あきらめました。中学生の頃、「空港で働きたい」とあこがれました。「容姿端麗な上に体力がないとダメ」と言われ、「自分には無理」と思いました。「ツアーコンダクターとしてあちこち旅をして回りたい」と思ったこともありました。「試験が難しい」と言われてやめました。

　今、この「あとがき」を羽田空港のラウンジで書いています。この本のもととなった『月刊学校教育相談』の連載原稿も、いつも搭乗時刻を気にしながら空港で書いていました。1年間、全国各地への講演出張の合間に書き続けた原稿が、ついに1冊の本になります。

　「あれ?! 子どもの頃の夢が、いつの間にか本当になっている！」

　小説ではありませんが「原稿を書くこと」が仕事になり、自分が書いた文章が世の中に出版されます。空港の仕事ではありませんが、たしかに私は空港を仕事場にしています。そして、全国あちこちへ出張しています。

コーチングのおかげで、子どもの頃に、周りの人からいろんなことを言われて一度は安易にあきらめた夢が、今、次々と実現しています。

「夢は叶うんだ！　そんなに難しいことでも苦しいことでもないんだ！」
　この実感を、無限の可能性を秘めた子どもたちにできるだけ早く伝えたい、子どもたちとかかわる大人の皆様に一人でも多く伝えたい、そんな想いを込めて原稿を書き続けました。
　昔、あこがれた連載原稿の執筆は、実際にやってみるとそんなにかっこいいものではありませんでした。毎回、締め切りを気にしながら頭を悩ませました。この内容で読者の皆様に本当に伝わるのだろうか、いつも不安でした。
　毎月、恐る恐る入稿すると、その日のうちに、ほんの森出版の小林敏史さんからあたたかいメールが届きました。「編集者冥利に尽きる原稿をありがとうございます。読んでいてわくわくしました。来月も楽しみです」。その言葉に励まされて、1年間なんとか成し遂げることができました。小林さんは私のコーチでした。この場を借りて、あらためてお礼申しあげます。
　そして、執筆にあたって貴重な事例を提供してくださった多くの皆様に心から感謝いたします。

2009年6月吉日　　　　　　　　　　　　　　石川　尚子

【著者紹介】
石川 尚子（いしかわ なおこ）
大阪外国語大学卒業後、出版社に勤務。企業研修、講演会の運営、企画、教材開発や講師を担当。2002年、ビジネスコーチとして独立。経営者、管理職、営業職などのパーソナルコーチングを行うかたわら、高校生・大学生の就職カウンセリング、就職セミナーに携わる。コーチング、コミュニケーション研修の講師として、小中学生から企業の経営者まで、幅広い層に対して、全国で講演活動を行っている。

現在、(株)ゆめかな代表取締役、国際コーチ連盟プロフェッショナル認定コーチ、(一財)生涯学習開発財団認定プロフェッショナルコーチ、PHP認定上級ビジネスコーチ。

著書に『子どもを伸ばす共育コーチング』（柘植書房新社）、『コーチングのとびら』（Dybooks）、『オランダ流コーチングがブレない「自分軸」を作る』（七つ森書館）などがある。

URL　http://www.b-coach.jp/

やってみよう！ コーチング
8つのスキルで子どもの意欲を引き出す

2009年7月23日　第1版　発行
2018年2月20日　第4版　発行

　　　　　　　　　著　者　石川尚子
　　　　　　　　　発行者　小林敏史
　　　　　　　　　発行所　ほんの森出版株式会社
　　　　　　　　　〒145-0062　東京都大田区北千束3-16-11
　　　　　　　　　Tel 03-5754-3346　Fax 03-5918-8146
　　　　　　　　　http://www.honnomori.co.jp

　　　　　　　印刷・製本所　研友社印刷株式会社

Ⓒ Naoko Ishikawa　2009　Printed in Japan
ISBN 978-4-938874-67-4　C0037